श्रेष्ठ भारतीय साहित्य

णाणं पयासयं

भारतीय ज्ञानपीठ

भारतीय ज्ञानपीठ

कवि परम्परा, (भाग–2)

सियारामशरण गुप्त से अरुण कमल

(आलोचना)

कवि परम्परा

सियारामशरण गुप्त से अरुण कमल

प्रभाकर श्रोत्रिय

भारतीय ज्ञानपीठ

लोकोदय ग्रन्थमाला : 1389

ISBN 978-93-87919-44-0

कवि परम्परा (भाग-दो)

(आलोचना)

प्रभाकर श्रोत्रिय

प्रकाशक : **भारतीय ज्ञानपीठ**
18, इन्स्टीट्यूशनल एरिया, लोदी रोड, नयी दिल्ली-110 003

मुद्रक : भारतीय ज्ञानपीठ, नयी दिल्ली-110 003

आवरण : महेश्वर

KAVI PARAMPARA-2
(Criticism)
By Prabhakar Shrotriya

Published by
Bharatiya Jnanpith
18, Institutional Area, Lodi Road, New Delhi-110 003
Ph. : 011-24698417, 24626467; 23241619 (Daryaganj)
Mob. : 9350536020; e-mail : bjnanpith@gmail.com
sales@jnanpith.net; website : www.jnanpith.net

First Edition : 2019
Price : Rs. 200

डॉ. विश्वनाथ प्रसाद तिवारी
को सादर

अनुक्रम

कवि परम्परा

भाग-2

अन्धेरगर्दी का वक्त और 'अन्धेर नगरी'

भारतेन्दु ने 125 वर्ष पहले एक किंवदन्ती कथा को 'अन्धेर नगरी' नाम से नाटक का बाना पहनाया था—शायद 'भारत दुर्दशा' के जमाने में यह उन्हें प्रासंगिक लगा हो, पर उन्हें क्या मालूम था कि यह प्रसंग अप्रासंगिक न होगा।

'अन्धेर नगरी' का लब्बोलुबाब यह है कि जिस देश में अविवेक का शासन हो, वहाँ आपोआप मूल्यहीनता, भेड़ियाधसान, अन्याय और अत्याचार का बोलबाला हो जाता है। ऐसे देश में न प्रजा सुकून से रह सकती है न स्वयं शासक; जो अविवेक और पागलपन से सनका रहता है।

नाटक के प्रारम्भ में भारतेन्दु संस्कृत का एक श्लोक देते हैं :

छेदश्चंदनचूतचंपकवन रक्षा करीरद्रुमे
हिंसा हंस मयूर कोकिलकुले काकेषु लीलारतिः।
मातङ्गेन खरक्रयः समतुला कर्पूरकार्पासयोः
एषा यत्र विचारणा गुणिगणे देशाय तस्मै नमः॥

(चन्दन, आम तथा चम्पा के वन को काटकर करीर वृक्ष की जो रक्षा करता है; हंस, मोर तथा कोयल को मारकर कौए की लीला में प्रेम रखता है; हाथी देकर गदहा खरीदता है और कपूर तथा कपास को समान समझता है। जहाँ के गुणी लोगों के ऐसे विचार हों उस देश को नमस्कार है!)

'अन्धेर नगरी' के साथ भी अन्धेर :

...इससे पहले हमारा नमस्कार है उन ज्ञान-भिक्षुकों को जो सार्वजनिक ज्ञानराशि को चर जाते हैं। 'अन्धेर नगरी' के साथ आप पहले तो यही अन्धेर देखिए कि साहित्य अकादेमी के पुस्तकालय से 'भारतेन्दु ग्रन्थावली' लाकर नाटक-खंड में खोजता हूँ 'अन्धेर नगरी', तो पाता हूँ कि पृष्ठ 655 से 682 तक गायब हैं, जिसमें न सिर्फ़ यह समूचा नाटक है, बल्कि अगले नाटक 'सती प्रताप' (जो 'सत्यवान-सावित्री' की कथा से सम्बन्धित है।) के आठ पृष्ठ भी शामिल हैं। एक जगह

मायूस लिखावट में है—'पृ. 655-682 तक सारे पृष्ठ फाड़ लिये गये हैं।' भारतेन्दु यह देखते तो कहते—''ऐसे दीमक जनों को नमस्कार।''

अब किस्सा चल ही पड़ा है तो याद आता है कि चालीस बरस पहले नागरी प्रचारिणी सभा, वाराणसी के पुस्तकालय में शोध और अध्ययन के सिलसिले में गया था। बाकायदा एक लम्बा कमरा था जिसके सिरे पर ग्रन्थपाल चौकस बैठा लगता था। अध्येताओं के पास पुस्तकों-पत्रिकाओं की थप्पियाँ लगी रहती थीं। इसी तरह बरसों से लोग डूबकर पढ़ते रहे होंगे, इनमें कुछ ऐसे भी होते होंगे जो पुस्तकों को ही, सारी चौकसी के बावजूद, डुबाने में लगे रहते होंगे। नतीजे में वे चीज़ें अकसर गायब मिलतीं जिन्हें पढ़ना था! शायद हमेशा से ही यह विद्वत् परम्परा यानी विद्वान बनने की प्रणाली रही हो!

'चौर्य कर्म' के नाना रूप, नाना भेद हैं। नकल कर डकार न लेना, यानी मूल पुस्तक या लेखक को उद्धृत न करना, चीज़ों के नाक-नक्श बदल देना, मूल से अनुवाद कर मौलिक बना लेना आदि-आदि। हद तो तब हुई जब एक साहब ने किसी पुस्तक से चालीस पृष्ठ उड़ाकर अपने उपन्यास में डाल लिये। इस पर तब 'सारिका' में आपत्ति उठाता सप्रमाण विस्तृत लेख छपा था। इसका उत्तर देते हुए लेखक महाशय ने लिखा था कि 'यह तो लेखक करते ही हैं!'—गोया यह लेखक की सामान्य प्रवृत्ति हो!

चौर्य कर्म के कितने लम्बे हाथ होते हैं इसका एक दिलचस्प उदाहरण यह है कि एक शोधार्थी ने दूसरे विषय के किसी शोध-प्रबन्ध का मुखपृष्ठ बदलकर अपना विषय और नाम टाँक दिया; निर्देशक ने हस्ताक्षर कर दिए, परीक्षकों ने प्रबन्ध जाँच लिया, रिपोर्ट ओ.के. आ गयी, विद्या परिषद ने उपाधि की पुष्टि कर दी, प्रमाण पत्र पर कुलपति ने हस्ताक्षर कर दिए! इति!! पता नहीं...शायद, शायद क्या जरूर उसे इसी बिना पर नौकरी भी मिल गयी होगी।

हिन्दी में एक पुस्तक है 'कुंभिलोपाख्यान।' कोई चोर बाबा हुए थे—'कुंभिलोप' जिनके नाम पर यह पुस्तक पड़ी। इसमें विद्वान लेखक ने नकलचियों के बारे में बड़ी खोजपूर्ण सामग्री दी है। जैसे, एक साहब ने अँग्रेजी उद्धरण का हिन्दी अनुवाद करके मूल में जहाँ-जहाँ 'कीट्स' लिखा था, वहाँ-वहाँ 'पंत' (सुमित्रानंदन पंत) कर दिया। एक ने बांग्ला कहानी का हिन्दी अनुवाद कर उसे अपनी मौलिक कहानी कहकर चला दिया। जिन लोगों का पुस्तक में ज़िक्र है वे छोटे लेखक नहीं हैं, मान्य और प्रतिष्ठित हैं। अगर ऐसी प्रतिष्ठा-परम्परा जारी रही तो भूमंडलीकरण और बाजारवाद के जमाने में साहित्य और ज्ञान की वही दशा हो जाएगी जो आज विश्व बाजार में भारत की है—न कोई मौलिक लेखन, अनुसन्धान, न स्वयं उत्पादन, न अपने उद्योग; न खेती (वरना 500 करोड़ टन गेहूँ क्यों आयात करना

पड़ता?) होगी। अगर होगी तो सिर्फ दलाली, जुगाड़ और आयातित पुर्जों को जोड़कर अपना ठप्पा!

विदेशों तक में देश का यश फैलाने वाले भी यदा कदा मिल जाएँगे। अमेरिका में रह रही भारतीय मूल की लेखिका काव्या ने तो नकल का अभूतपूर्व मानदंड कायम कर दिया। यह भारत के नये बाजारू चरित्र की बौद्धिक बनावट है। कहाँ तो भारत के अत्यन्त प्रतिभाशाली डॉक्टर, इंजीनियर, साफ्टवेयर इंजीनियर, दुनिया में नाम कमा रहे हैं; कल्पना चावला जैसी बहादुर स्त्री अन्तरिक्ष नापते हुए अपने प्राण उत्सर्ग कर चुकी है, और कहाँ राष्ट्रीय प्रतिभा की ऐसी होली जलाई जा रही है। यदि बुद्धि के क्षेत्र में यह हालत है तो कर्म के क्षेत्र में क्या होगी?

तो बात भारतेन्दु की 'अन्धेर नगरी' की चल रही थी। जिसके जरिये यह चौर्य प्रसंग निकल आया, क्योंकि 'अन्धेर नगरी' का पहला प्रयोजन ही है काले को सफेद और सफेद को काला करना। किसी रचना से निकला ऐसा विस्तृत अर्थ-संसार ही उसे कालजयी बनाता है। ऐसी ही वाणी के लिए कहा गया है—'अनेकार्थ सार्थः।'

'अन्धेर नगरी' की कथा बड़ी सीधी सादी लगती है। महन्त (गुरुजी) अपने दो शिष्यों नारायणदास और गोबरधनदास को एक नगरी में भिक्षा माँगने भेजते हुए लोभ से बचने का उपदेश देते हैं। दोनों शिष्य बाजार में जाकर अजब रवैया देखते हैं कि चाहे भाजी हो चाहे खाजा, हर चीज़ टके सेर है। शिष्यों से यह जानकर चकित गुरुजी नगर का नाम पूछते हैं तो पता चलता है कि वह 'अन्धेर नगरी' है, और वहाँ का राजा है 'चौपट'। गुरुजी यहाँ पलभर टिकने में सर्वनाश मानते हैं और फौरन 'नगरी' छोड़ने में ही अपनी खैर समझते हैं। लोभ के वशीभूत गोबरधनदास नगर नहीं छोड़ता जबकि नारायणदास गुरुजी के साथ चला जाता है। अगले दृश्य में राजा पीनक में बैठा है। उसके आगे फरियादी आता है जिसकी बकरी दीवाल गिरने से मर गयी है। 'अपराधी कौन?' की तर्ज पर एक हास्यास्पद खोज का सिलसिला चलता है जो कोतवाल पर जाकर थमता है क्योंकि उसकी सवारी निकलने की वजह से भगदड़ मची, दीवाल गिरी और बकरी मरी। राजा कोतवाल को फाँसी की सजा सुना देता है।... राजा चौपट तो उसके कर्मचारी महाचौपट। वे देखते हैं कि फाँसी का फंदा मोटा है जिसमें कोतवाल की पतली गरदन नहीं अँट रही है तो वे मोटी गरदन देखकर गोबरधनदस को फाँसी के लिए पकड़ लेते हैं। वह परेशानी में गुरु की हिदायत और फिर गुरु की याद करता है। गुरु संयोगवश आते हैं। अपने बुद्धिचातुर्य से वे गोबरधनदास को बचाते हैं और शुभ मुहूर्त का फायदा लेने का एकमात्र अधिकारी राजा, मरने के शुभ मुहूर्त का लाभ लेने के लिए स्वयं फाँसी पर चढ़ जाता है। चौपट राजा का अन्त यही होता है।

'अन्धेर नगरी' को आज के उपभोक्तावादी आत्मघाती समय में पढ़ें तो लगेगा कि जैसे यह आम आदमी के वास्ते एक तर्कहीन बाजार-समय के सन्दर्भ में लिखा गया है। भारतेन्दु ने जब लिखा था तब भी 'पच्छिम' इसकी धुरी था और आज भी है। महन्त, गोबरधनदास को पश्चिम की ओर से नगर में प्रवेश का निर्देश देते हैं जबकि नारायणदास को पूरब की ओर से। पश्चिम मार्ग से नगर में प्रवेश करने वाला व्यक्ति उपभोग का लालची होकर आता है, जबकि पूरब की ओर से नगर-प्रवेश करने वाला इस चौपट राज की विसंगति और इससे दूर रहने की जरूरत समझकर महन्त जी के साथ नगर छोड़ देता है। इधर उपभोग में गर्क गोबरधनदास 'माले ग़ैर दिले बेरहम' की तर्ज पर मुटाता रहता है और मूर्खता का शिकार बनता है। शायद इसीलिए कबीर ने लिखा था :

'खूब खाँड है खीचड़ी माँहि पड़ै टुक लोन।
पेड़ा रोटी खायके गला कटावै कौन?'

यानी अपनी तो खिचड़ी अच्छी, चुटकी नमक डाला और स्वाद से खा लिया। पेड़ा-रोटी खाकर मस्ताने वाला तो आखिर में 'बलि का बकरा' ही बनता है। हम देख ही रहे हैं कि लोभ के वशीभूत हुई यह पराश्रयी पूरबी दुनिया आत्मघात के सिवा कर ही क्या रही है?

'अन्धेर नगरी' में बहुत से प्रसंग और सन्दर्भ हैं। हर ओर से कोई व्यंग्यार्थ अपने समय के साथ ही आगामी समयों पर टिप्पणी करता है। 'चना जोरगरम' वाला चना बेचते हुए अँग्रेज सरकार पर टिप्पणी कर जाता है :

'चना हाकिम सब जो खाते,
सब पर दूना टिकस लगाते।'

चूरनवाला भी यही कहता है, ज्यादा तल्खी से :

'चूरन सहिब लोग जो खाता
सारा हिन्द हजम कर जाता।'

पर आज के हाकिम और साहिब कौन कम हैं? क्या आज भी उन्हें सुध है कि आटे-दाल का भाव किस कदर रोज रोज नए आसमान छू रहा है, आम जनता किस कदर त्रस्त है। भाँति-भाँति के अपराधों के लिए सुरक्षा प्रबन्ध बढ़ रहे हैं, लेकिन इनकी जड़ में महँगाई, भ्रष्टाचार, भाई-भतीजावाद, नीतिगत अविवेक जैसी तमाम चीज़ें हैं। इसकी चिन्ता कौन करता है? लगता है आज के हाकिम वर्ग ने साधारण जनता की चिन्ता ही छोड़ दी है, जैसे उसका कोई अस्तित्व ही न हो! किसी तरह उसके वोट बटोर कर नूराकुश्ती की तर्ज पर कोई मिलीजुली व्यवस्था बनाना ही जैसे राजनीति का लक्ष्य है। दस रुपये बढ़ाकर दो रुपये कम करके सस्ती का झाँसा देना,

दिन पर दिन टैक्स बढ़ाना आज भी जारी है। कालिदास ने राजा रघु के बारे में लिखा था कि वह जनता से कर ऐसे लेते थे, जैसे मेघ धरती पर से जल लेते हैं—न दिखाई देता है और न बोझ लगता है। लेकिन जब उसी कर को जनता को लौटाते थे तो ऐसे जैसे मेघ पानी बरसाता है। बरसता जल दिखता है, सुख-समृद्धि-हरियाली-ताल-तलैया लबालब दिखते हैं। लेकिन आज टैक्स लेना तो दिखता है—उसे जनता को किस रूप में लौटाया जाता है यह नहीं दिखता; और जो दिखता है वह क्या दिखता है?

दाल, चावल, नमक जैसी चीज़ें यहाँ तक कि जल की चढ़ी हुई कीमत के ज़माने में अगर हम राम का मूल्य निर्धारणविवेक देखें तो पता चलता है कि गरीब निवाज़ शासक कहते किसे हैं! तुलसी लिखते हैं :

'मणि माणिक महँगे किये, सहजैं, तृण, जल, नाज।
तुलसी ऐसे जानिये, राम गरीब नेवाज॥'

पशुओं के लिए तृण, सभी प्रणियों के लिए जल और आम लोगों के लिए अनाज सहज, सस्ता और धनपतियों के लिए मणि, माणिक, मुक्ता महँगे करने के पीछे राम का गरीब निवाज व्यक्तित्व ही है! क्या हमारी राजनीतिक-आर्थिक चेतना में मूल्य निर्धारण का यह विवेक है, या अन्धेर नगरी की तर्ज पर ही सब कुछ चल रहा है?

अन्धेर नगरी की कूंजड़िन अपनी चीज़ें बेचते हुए कहती है—'जैसे काजी वैसे पाजी' और 'ले हिन्दुस्तान का मेवा—फूट और बैर'। क्या आज भी यह कथन सार्थक नहीं है। पाजी, काजी से बढ़कर हैं। सारे कानून कायदे ताक पर धरे मौज कर रहे हैं। अगर कानून के निर्माता अपने पक्ष में और अपनी सुविधा से कानून बनाएँ तो सवाल उठता है कि क्या प्रजातन्त्र भी 'चौपट' राजतन्त्र की तरह सत्ता का सुविधा तन्त्र नहीं है? ऐसे में आम आदमी की वही हालत होगी, जो शायर ने इस शेर में कही है :

'उसी का शहर वही मुद्दई वहीं मुंसिफ
हमें यकीन था हमारा कुसूर निकलेगा।'

भारतेन्दु ने जिस फूट और बैर पर व्यंग्य किया है क्या आज हम उससे जरा भी मुक्त हो पाए हैं।

गोबरधनदास का 'राग काफी' में गाया गाना पढ़िए :

भीतर होई मलिन की कारो।
चाहिए बाहर रंग चटकारो॥
साँचे मारे मारे डोलैं।
छली दुष्ट सिर चढ़ि चढ़ि बोलैं॥

प्रगट सभ्य अन्तर छलधारी।
सोई राज सभा बल भारी॥
साँच कहैं ते पनही खावैं।
झूठे बहुविध पदवी पावैं॥

भारतेन्दु की परम्परा का आज का कवि भी यही कहता है :
ये वे लोग हैं जो/मुझे देखकर नाक-भौं सिकोड़ते हैं
और अपनी गोरी चमड़ी से ढके चलते हैं
अपना कालापन!

(निर्मला पुतुल)

नहीं कहा जा सकता विश्वास के साथ
कि जो सच दिखता है/उसमें कितना है सच
जो प्यार रह रहकर बोलता है/उसमें कितना है प्यार
गाल बजाती व्यवस्था में/कितनी है व्यवस्था

(संजय कुंदन)

हर युग में रचनाकार निहित स्वार्थों पर आक्रमण करने के लिए चौकस रहे, भारतेन्दु की यही विरासत है और अन्धेर नगरी की यही हिदायत है।

नवजागरण और सियारामशरण गुप्त

सियारामशरण गुप्त मूलतः द्विवेदी युग के कवि हैं, जिसे डॉ. रामविलास शर्मा हिन्दी नवजागरण का तीसरा चरण मानते हैं। इस दृष्टि से भक्ति युग से आधुनिक युग तक नवजागरण की चेतना क्रमशः विकसित होती हुई दिखाई पड़ती है। कुछ लोगों ने नवजागरण को इतिहास से काटकर अलग-थलग लटका दिया था या उन्हीं शक्तियों का अवदान मान लिया था जिनके विरुद्ध वह संघर्ष करता है। जबकि यह कहना अधिक सही है कि नवजागरण न तो कोई स्वयंभू आन्दोलन है और न विदेशी शक्तियों द्वारा प्रेरित आन्दोलन, बल्कि वह जनता द्वारा क्रमशः बन्धनों को तोड़ते हुए विकसित होती हुई ऐसी सक्रिय चेतना है जो समयानुकूल निरन्तर अधिक दृढ़ हुई है।

यह उल्लेखनीय है कि आचार्य द्विवेदी के भी पहले आचार्य शुक्ल साहित्य में रीतिवादी प्रवृत्तियों और पश्चिमी ढंग के रहस्यवाद का निरन्तर विरोध करते रहे हैं। इसलिए इसे नव-जागरण की महत्त्वपूर्ण प्रवृत्ति मानना उचित ही है। इस तरह हिन्दी नवजागरण का वह स्वरूप सामने आता है जिसे पश्चिमोन्मुख नव-जागरण और रहस्यवादी धारणाओं के प्रबल प्रचार ने ढँक दिया था। परन्तु यह भी नहीं भूलना चाहिए कि इस नव-जागरण में यदि उग्र क्रान्तिकारी और वामपन्थी विचारों की भूमिका है, तो गाँधीवादी जनवाद और उसकी मूल्यपरक चेतना की हिस्सेदारी भी किसी तरह कम नहीं, बल्कि अधिक ही है। इसे नवजागरण से काटना उतना ही अवांछित है जितना भक्तिकाल को आधुनिक नव-जागरण की ऐतिहासिक प्रक्रिया से काटना। उल्लेखनीय है कि गाँधीवाद को वामपन्थियों ने भी नवजागरण की एक विचारधारा माना था। साम्यवादी आलोचक शिवदान सिंह चौहान और जगदीश ने 'प्रताप' में जो विज्ञप्ति छपाई थी, वह इसका प्रमाण है। उसमें कहा गया था कि 'भारत में जनवादी रूप-रेखा दो विचारधाराओं में बन-बिखर रही है, ये विचारधाराएँ हैं—गाँधीवाद और समाजवाद। गाँधीवाद पिछले 25 वर्षों से भारतीय जनवाद की प्रेरक विचारधारा रही है, और साम्यवाद उसी तरह निखिल विश्व की। युगवाणी

मासिक पुस्तकों के रूप में दोनों ही विचारधाराओं का साहित्य छापेगी।' यह सन्दर्भ यहाँ इसलिए प्रासंगिक है कि बिना गाँधीवाद की जनवादी भूमिका को समझे सियारामशरण गुप्त का नव-जागरण के कवि के रूप में मूल्यांकन सम्भव नहीं है, क्योंकि वे आद्यन्त गाँधीवादी रहे हैं। इसी के चलते उन्होंने समकालीन समस्याओं, गरीबों, अछूतों, स्त्रियों के शोषण तथा साम्राज्यवादी हिंस्रता पर कविताएँ लिखी हैं। इससे गाँधीवाद की सामाजिक दृष्टि का भी पता चलता है। कर्घे-चर्खे का नाम लेकर जिस तरह गाँधीवाद को आधुनिक औद्योगिक क्रान्ति के विरुद्ध खड़ा बताया जाता है या सत्य, अहिंसा जैसे मूल्यों पर उंगली उठाई जाती है वह शायद इसलिए कि सही ऐतिहासिक परिप्रेक्ष्य में, संघर्ष की व्यावहारिक और आन्तरिक शक्ति के रूप में उसे नहीं देखा गया और कोरी विचारधारात्मक परिपाटी से तुलना करते हुए उसका अवमूल्यन और कई जगह अपमूल्यन किया गया। जबकि सियारामशरण जी ने गाँधीवाद की उपादेयता, शक्ति और क्रान्तदर्शी संघर्ष को पहचानते हुए उसे अपनी सर्जना का केन्द्र बनाया था।

दूसरी बात यह है कि एक ओर नव-जागरण को ऐतिहासिक विकास-प्रक्रिया में देखा जाता है, वहीं उसके अनिवार्य रचनात्मक सोपान को 'पुनरुत्थान' कहकर सपाट ढंग से निपटा दिया जाता है और कठमुल्लों के बदनाम पुनरुत्थान की कोटि में रख दिया जाता है। इस तरह उस ऐतिहासिक प्रवृत्ति का निषेध हो जाता है जो नव-जागरण की दिशा में बढ़ता हुआ चरण है। ऐसी स्थिति में उन्नीसवीं शती के अन्त और बीसवीं शती के प्रारम्भ का बहुत-सा काव्य सही ढंग से आलोचना से वंचित हो गया है। वास्तव में मैथिलीशरण गुप्त तथा उनके पूर्ववर्ती और समकालीन कवियों ने इतिहास या परम्परा को सँवारने, चुनने और उसका नई चेतना की भूमिका के रूप में उपयोग किया है। नव-जागरण ने इसके बाहरी ढाँचे को भले ही अस्वीकार कर दिया हो, परन्तु उसमें से अपने लिए सार-शक्ति अर्जित की है। दिनकर जी का सियारामशरण जी के बारे में यह कहना अर्थ रखता है कि 'उनकी विषय ग्रहण करने की प्रणाली मैथिलीशरण जी की अपेक्षा नवीन थी, परन्तु वे 'भाव' इतिहास से लेते थे और 'शैली' अपने युग से। इस तरह उनका 'एक-तिहाई अंश प्राचीन' है। पूछा जा सकता है कि एक सर्जक के नवीन होने की क्या यह शर्त है कि परम्परा का कोई अंश उसमें न हो? खैर, दिनकर जी का आशय शायद यह है कि सियारामशरण जी ने नवीनता को केवल ऊपरी स्तर पर ग्रहण किया था, भीतर से वे पुराने ही बने रहे। यह ठीक है कि नए विषय ग्रहण करने से ही कोई लेखक नया नहीं हो जाता, परन्तु इसे इतने सतही ढंग से भी नहीं लिया जा सकता। इतिहास और परम्परागत परिवेश में विकसित कवि के लिए यह इतिहास के सम्मोहन से छूटने का बहुत कारगर उपाय और लक्षण है। नए विषय स्वभावतः अतीत से संघर्ष करते हैं, वे

लेखक को बाध्य करते हैं कि वह अपने समय और उसकी समस्याओं के केन्द्र में रहे और उन चीज़ों से संघर्ष करे जिनका यह परिणाम है। उदाहरण के लिए सियारामशरण जी की कविता 'एक फूल की चाह' लें। इसमें हरिजन देवी के मन्दिर का एक फूल पाने की, अपनी बीमार बेटी की, कामना पूरी नहीं कर पाता। फूल लाने के प्रयास में पंडे उसे पीटते हैं, पुलिस पकड़ती है और न्यायालय दंडित करता है, अन्त में बिना फूल पाए ही यह लड़की मर जाती है। विषय का यह ग्रहण क्या धर्म के पारम्परिक जड़ प्रतिमान, जातिवाद का घिनौना चेहरा, सत्ता और व्यवस्था की धर्म के साथ साठ-गाँठ की आलोचना स्वयं नहीं कर देता?

यही विषय गुप्त जी को अपनी हिन्दू आस्थाओं के बावजूद कैदियों के माध्यम से हरिजन को इस बात के लिए लताड़ने को बाध्य करता है कि वह मन्दिर में गया ही क्यों?... *'अरे मूर्ख, क्यों ममता थी मन्दिर पर ही? पास कहीं मस्जिद भी तो थी। दूर न था गिरिजाघर भी।'* उसके हिन्दू होने पर चोट करना क्या धर्म के विकृत स्वरूप पर, तुलना के माध्यम से करारी चोट नहीं है? क्या किसी ऐतिहासिक विषय की ऐसी परिणति सम्भव थी? दूसरा उदाहरण हम 'अनाथ' नामक कविता से ले सकते हैं जो गुप्त जी की प्रारम्भिक रचनाओं में से है। मोहन एक गरीब किसान है। उसका एक बच्चा बीमार है और दूसरा भूख से छटपटा रहा है। मोहन अपने घर की एकमात्र सम्पत्ति 'लोटा' बेचकर बच्चे के लिए अन्न लाने जाता है। यहाँ तक कि जूठन भी बटोरता है, लेकिन उसके रास्ते में पड़ जाता है चौकीदार जो उसे पकड़कर दारोगा की बेगार में लगा देता है। जब वह किसी तरह इस बर्बर से छूटकर घर की ओर आता है तो रास्ते में उसे खबर मिलती है कि उसका बेटा मर चुका है, स्त्री को पठान कर्ज के बदले घर में काम करने ले गया है, किसान वहीं ढेर हो जाता है। साम्राज्यवाद और सामन्तवाद का चरित्र यहाँ दरोगा और पठान के माध्यम से प्रकट हुआ है। दारोगा के घर कुत्ता व्यंजन खाता है जबकि अन्न पैदा करने वाले का बच्चा भूख से मर जाता है। भारतीय किसान की यह मर्मान्तक यातना-कथा सियारामशरण जी की नव-जागरण की चेतना की मार्मिक अभिव्यक्ति है। गुप्त जी की यह यथार्थ चेतना, यथार्थ विषय के ग्रहण करने से जुड़ी है इसलिए विषय की नवीनता को सतही ढंग से लेना गलत होगा।

जहाँ तक नव-जागरण काल के कवि में इतिहास की 'भाव' के रूप में उपस्थिति का सवाल है, उसे भी सपाट ढंग से नहीं लिया जा सकता। कौन-से भाव हैं? उनकी परिणतियाँ क्या हैं? उनकी प्रणालियाँ क्या हैं, उनके प्रति लेखक का सर्जनात्मक आचरण कैसा है—जैसे प्रश्न पूछे बिना ही क्या उन्हें पुराना कहकर खारिज किया जा सकता है? सत्य, अहिंसा, करुणा, क्षमा, उत्सर्ग, समता की क्या गुप्त जी के काल में जरूरत नहीं थी, या क्या आज नहीं रही? इतिहास का सम्मोहन

त्यागने का अर्थ क्या यह है कि उन मूल्यों को भी त्याग दिया जाए, जिनकी प्रासंगिकता न केवल खत्म हुई है बल्कि बढ़ी ही है। इसलिए यदि यह भाव सियारामशरण जी के काव्य में हैं तो पुराने कैसे हो गये? खासकर उस समय जबकि ये राष्ट्रीय स्वाधीनता संग्राम और राजनीति के मूल्य भी थे और देश को संगठनात्मक शक्ति देने के साथ ही अतीत की विकृतियों पर प्रहार करने के माध्यम भी।

परन्तु जहाँ तक भावों के साथ कवि के सर्जनात्मक आचरण का सवाल है यह कहना जरूरी है कि नव-जागरण के कवि से यह अपेक्षा होती है कि वह इन भावों को युग की कसौटी पर कसे, उनकी नई प्रणालियाँ समझे, उन्हें विकसित कर उनमें नई प्राणवत्ता पैदा करे। दुर्भाग्यवश सियारामशरण जी ऐसा कम ही कविताओं में कर पाए हैं। इसका कारण वही स्थिर प्रतिबद्धता है जो किसी कवि को मतवाद से अनुशासित कर उसके आत्म चेतस व्यक्तित्व को अवरुद्ध करती है। इससे रचना में ऐसी दरारें पैदा होती हैं जिनके कारण इन भावों या विचारों की उपस्थिति औपचारिक रह जाती है। उदाहरण के लिए उनका बहुचर्चित काव्य-रूपक 'उन्मुक्त' लिया जा सकता है जहाँ अहिंसा का समर्थन अविश्वसनीय स्तर तक पहुँच चुका है। शत्रु जब किसी शान्त देश पर बर्बर आक्रमण कर दे तब सेनानायक का प्रमुख सहायक पहले तो युद्ध के लिए तैयार हो और बाद में अहिंसा की दुहाई देता हुआ बीच युद्ध में उसका साथ छोड़ दे तो आप इसे कैसी अहिंसा कहेंगे। घायल शत्रु का उपचार करे और यही घायल प्रत्याक्रमण कर दे तो मानव मूल्यों के पतन पर क्षुब्ध होकर रह जाए, अपनी पत्नी की सखी के अपहरण और उसके प्रति अतिचार का समाचार सुनकर भी अहिंसा धारण किए रहे, अपने पुत्र की बम विस्फोट में हत्या और नर-संहार भी उसे प्रतिरोध के लिए तैयार न करे तो आप इसे क्या कहेंगे? रूपक के अन्त में तो हद हो जाती है जब पराजित होकर सेनानायक पुष्पदन्त अपने इसी पलातक सहयोगी 'मणिधर' की अहिंसा का वरण कर लेता है और निष्कर्ष निकालता है कि 'हिंसा का है एक अहिंसा ही प्रत्युत्तर'। क्या हर स्थिति में हिंसा का एक मात्र प्रत्युत्तर अहिंसा हो सकता है? और अगर हो भी सकता है तो क्या उसे सिद्ध करने वाला रचना-तन्त्र यहाँ मौजूद है? क्या आक्रामक द्वारा अपनी भूमि आक्रान्त होने देना ही सेनानायक और सेनाकर्मियों का प्रत्युत्तर है? क्या आततायियों के प्रति अहिंसा के पीछे छिपी असंख्य हिंसाओं को न देखना अहिंसा है? पराजित होकर अहिंसा व्रत धारण कर लेना हिंसा का कैसा प्रत्युत्तर है? यदि महात्मा गाँधी की अहिंसा और सत्याग्रह से इस प्रसंग की तुलना करें तो देखेंगे कि गाँधी पहले से ही पराधीन और पददलित देश के नायक थे, उन्होंने अहिंसा द्वारा जनता का संगठन कर उसे शस्त्रों की तुलना में अधिक शक्तिशाली बनाया था। अहिंसा उनके लिए नैतिक ही नहीं राजनीतिक हथियार था। यदि पुष्पदन्त के संकेत से सुभाष चन्द्र बोस

के क्रान्तिकारी संघर्ष को तोलें तो इसका भी तत्कालीन भारत में अलग फलितार्थ था। कुसुम दीप ने स्वयं तो आक्रमण किया नहीं था, फिर वह हिंसा सहने के लिए क्यों अभिशप्त हो? क्या सियारामशरण जी 'उन्मुक्त' से कोई दस-बारह साल पहले प्रकाशित 'चन्द्रगुप्त' और 'स्कन्दगुप्त' नाटकों में हिंसा, अहिंसा, क्षमा, औदार्य, संवेदना आदि के स्वाभिमानपूर्ण और औचित्यपूर्ण रचाव से अपरिचित रहे होंगे? न ता उन्मुक्त में पर्णदत्त की तरह जन संगठन है न चन्द्रगुप्त की विजयी उदारता और स्नेह-संधि, न स्कन्दगुप्त का विजयोत्तर त्याग। 'उन्मुक्त' में यदि आक्रामक का हृदय परिवर्तन होता, हिंसकों को अहिंसा का अर्थ समझ में आता तब बात दूसरी थी—जैसे कि चन्द्रगुप्त में सेल्यूकस का हृदय परिवर्तन हुआ था। तात्पर्य यह है कि कोई भाव या विचार निश्चल और एकायामी नहीं होता उसके अनेक सर्जनात्मक पहलू होते हैं, उन्हें तर्कसंगत संरचना से ही सिद्ध किया जा सकता है।

नव-जागरण युग के सर्जक की भूमिका यही हो सकती है कि वह अपने समय की समस्याओं और विचारों का सर्जनात्मक, प्रासंगिक उपयोग करे; नई जिज्ञासा, नई आश्वस्ति रचे और ठीक-ठाक आलोचनात्मक विवेक का इस्तेमाल करे। पुरानी कथाओं या धारणाओं को छोड़ देने मात्र से नव-जागरण का उद्‌देश्य पूरा नहीं होता, बल्कि उसे ऐसी नई प्रतिज्ञाओं को भी अपने भीतर जमने देने के विरुद्ध खड़े होना पड़ता है जो उसकी दृष्टि को सीमित करती हैं। आश्चर्य है कि 'बापू' जैसी, इस दृष्टि से अधिक सार्थक और प्रासंगिक, कृति के लगभग दो साल बाद 'उन्मुक्त' की रचना हुई। 'बापू' और 'उन्मुक्त' में अन्तर यही है कि 'बापू' में साक्षात प्रायोगिक जीवन का कल्पनापरक पुनर्सृजन है जबकि 'उन्मुक्त' में कल्पना और अवधारणा के लिए घटना और वस्तु कल्पित है। इससे कवि की सीमा का पता चलता है।

'बापू' की ही तरह प्रवाहपूर्ण लम्बी कविता 'आत्मोसर्ग' है जो गुप्त जी ने साम्प्रदायिक दंगे में अहिंसक सत्याग्रह करते हुए गणेश शंकर विद्यार्थी के बलिदान पर लिखी है। इसलिए लेखक यह संकेत करने में सफल रहा है कि विद्यार्थी जी के बलिदान से देश और समाज ने क्या खोया? परन्तु इसके आगे वह नहीं बढ़ पाया। उसने यह प्रश्न नहीं उठाया कि अन्धे उन्मादी साम्प्रदायिकों के बीच कूदकर जान दे देना क्या विद्यार्थी जी के विचारपूर्ण क्रान्तिकारी, प्रेरक और कर्मठ जीवन की रक्षा से अधिक वरेण्य था? विद्यार्थी जी के उत्सर्ग पर क्षोभ और दुख के आँसू बहा देने या उसे महिमा मंडित कर देने के दौर में इस बात की परीक्षा प्रायः नहीं की गयी कि इस तरह उस मूल्य ने उन्हें खोकर क्या पाया, जिसकी प्रासंगिकता के बावजूद आज भी बार-बार हत्या होती है। '*घर-घर ज्ञान प्रदीप जला दे/मरणोदीप्त चिता तेरी*' जैसे भरत वाक्य से क्या एक आधुनिक सर्जक उस मूल्य की रक्षा कर सकता है या परीक्षा

कर सकता है जो सिद्धान्त रूप में निहित है। दिनकर जी का एक उदाहरण दूँगा, जिसमें वे प्राचीन मूल्य 'क्षमा' पर प्रश्नचिह्न लगाते हैं :

क्षमा सोहती उस भुजंग को, जिसके पास गरल है
उसको क्या जो दन्तहीन, विषरहित विनीत सरल है।

यहाँ क्षमा को नकारा नहीं गया है, बल्कि हर स्थिति और कीमत पर उसे यथावत धारण करने पर प्रश्नचिह्न लगाया गया है। इस प्रसंग में क्षमा की बद्धमूल धारणा की परीक्षा की गयी है। 'क्षमा' भी एक चिरन्तन भाव है, परन्तु जैसे यहाँ उसकी उपस्थिति भर से उसे पुराना नहीं माना जा सकता। वैसे ही अन्य भावों या विचारों की उपस्थिति मात्र से उन्हें पुराना नहीं माना जाना चाहिए। बल्कि हर स्थापित प्रतिमान को जाँचना और उससे रचना के स्तर पर जूझना नव-जागरण के लिए आवश्यक है। उसके लिए नया हो या पुराना; कोई मूल्य, प्रणाली या विचार स्वयंभू नहीं है। इस तरह सोचना इसलिए भी जरूरी है ताकि आस्था, विचार या मान-मूल्य आदि अविवेकी हाथों में न पड़ जाएँ। क्योंकि तब वे समाज के लिए घातक भी हो सकते हैं। मसलन नव-जागरण की शक्तियाँ यदि धर्म से किनारा कर लें तो धर्म पूरी तरह संकीर्ण सम्प्रदायवादियों और कठमुल्लों के हाथों में पड़ जाता है जो सभ्यता के उन्नत प्रतिमानों पर पानी फेर देते हैं; राजनीति मूर्खों, अपराधकर्मियों और निहित स्वार्थों के भरोसे छूट जाती है; जो देश और समाज को डुबो देते हैं। इसलिए इतिहास हो या परम्परा या आधुनिक युग की ही कोई प्रवृत्ति क्यों न हो, नई चेतना का सार्थक हस्तक्षेप और विवेकशीलता से उसे जाँचना होता है।

जहाँ तक गाँधीवादी मूल्य-मानों के सर्जनात्मक रूपायन का प्रश्न है, यह कहना आवश्यक है कि जो भाव, विचार या सिद्धान्त ऊपर से जितने सन्त, निष्काम, सात्विक और विनम्र दिखते हैं, उन्हें अपने भीतर रचने के लिए व्यक्तित्व को कठिनतम संघर्ष करना होता है, उसी तरह कविता में भी जब उस रचा जाता है तो भीतर और बाहर के कठिन संघर्ष, उद्वेलन और द्वन्द्व से गुजरे बिना उनकी प्रस्तुति मात्र किताबी रह जाती है। इसके विपरीत उग्र भावों और दृश्यमान विसंगतियों का खूब जोर-शोर से वर्णन कर देने भर से वे कविता जैसे लगने लगते हैं और कई लोग सिर्फ इस बात से कवि मान लिए जाते हैं। क्योंकि भोथरे शस्त्रों से आक्रमण करने पर भी आक्रामकता का बाहरी जोशो-खरोश तो प्रकट हो ही जाता है और वही उसकी आन्तरिकता को प्रकट करने का बाहरी चरित्र मान लिया जाता है। परन्तु शान्त भाव, अभिव्यक्ति के स्तर पर भी अपनी प्रकृति के अनुरूप अल्प भाषी और मृदुगामी होते हैं। उनकी काव्यात्मक सर्जना अपेक्षाकृत खूब जटिल होती है। जैसे वर्ग संघर्ष, अत्याचार आदि का वर्णन और समानता के नारों की तुलना में सत्य, अहिंसा, प्रेम, क्षमा, शान्ति आदि भावों की सर्जना बहुत कठिन और दूभर है।

क्योंकि इसके वर्णन या स्वरूप निरूपण मात्र से इनकी सम्प्रेषणशक्ति प्रकट नहीं होती। सियारामशरण गुप्त के लिए काव्यात्मक चुनौती इस माने में काफी महत्त्वपूर्ण है। कारण यह है कि उन्होंने इन भावों को कवि के स्तर पर भी, व्यक्ति की तरह, सन्देहहीन परिणति में धारण कर रखा था। इसलिए विचार उनमें पूर्ण परिणति में जन्म लेते हैं जैसे—भक्त में आराध्य। इस तरह की ढली ढलाई परिणति से कवि का काम नहीं चलता। उर्वरता के लिए जमीन खोदनी, नींदनी पड़ती है। कहीं-कहीं यह प्रवृत्ति उनके काव्य में सार्थक रूप भी लेती है, परन्तु अधिकांशत: वे अपेक्षित गहराई तक नहीं जा पाए हैं।

सियारामशरण जी ने नव-जागरण के तत्त्वों पर बात करने के साथ ही प्रसंगान्तर होने पर भी कवि के मूल्यांकन से सम्बन्धित एक बात कहना चाहता हूँ। अकसर कहा जाता है कि अपने बड़े भाई के प्रभामंडल में तिरोहित हो जाने के कारण सियारामशरण जी के कर्तृत्व का समुचित मूल्यांकन नहीं हुआ, ये तो बेचारे सेवा ही करते रह गये और सारा यश-लाभ अग्रज को मिला। परन्तु मुझे लगता है कि भ्रार्तृत्व ने सियारामशरण जी के मूल्यांकन में सकारात्मक भूमिका निभाई है। इसके अतिरिक्त उनके व्यक्तिगत सद्‌गुणों, जैसे सात्विकता, सज्जनता, विनम्रता, निष्ठा, सदाचार तथा उनके चिर-दुखी जीवन के प्रति संवेदना का बड़ा भाग उनके काव्यात्मक मूल्यांकन को मिल गया है। तभी उनकी कविता पर बात करते-करते लोग उनके गुणों की ओर अथवा उनके व्यक्तिगत दुखों की ओर लुढ़क आते हैं। अन्यथा सियारामशरण जी का काव्य एक हद तक ठंडा, शिथिल और सपाट है, उनमें सांवेदिक ऊर्जा, कल्पना, आन्तरिक विस्फोट, सौन्दर्य और मन को विचलित करने वाली शक्ति प्राय: कम है। करुण होते हुए वे कई बार अकसर रोते हैं, रुला नहीं पाते। एक शान्त वातावरण बनाने पर भी उनके द्वारा व्यक्त शान्ति का सर्जनात्मक या संक्रामक प्रभाव प्राय: कम होता है। उनकी भाषा भी कई जगह ऊबड़-खाबड़, सपाट और कामचलाऊ है। इन सभी बातों को ध्यान में रखकर और उनमें निहित काव्यत्व और वैचारिक नवता पर विचार करके यह कहा जा सकता है कि सियाराम जी के समय में और आज भी बड़े-बड़े कवियों के बीच उनका मूल्यांकन न तो उस समय अन्याय की कोटि में आता था, न आज आता है।

कामायनी की भविष्य दृष्टि

छायावाद पर भाँति-भाँति से विचार हुआ है। प्रारम्भिक अवधारणा ने पहले तो उसे पाश्चात्य रोमेंटिसिज़्म, मिस्टिसिज़्म, ईसाई रहस्यवाद, बांग्ला स्वच्छन्दतावाद आदि के पर्याय की तरह देखा और इसी दृष्टि से बाकायदा उसकी प्रवृत्तियाँ और लक्षण गिनाए गये। उस पर मधुचर्या का भी आरोप लगा जिसका संकेत रीतिवाद की ओर था। 'छायावाद' शब्द को ही लेकर तरह-तरह की बातें की गयीं। लगता था कि यह कोई भटकी हुई आत्मा है, जिसे ठीक-ठिकाने का शरीर नहीं मिल पा रहा है।

फिर आचार्य नंददुलारे वाजपेयी, डॉ. नगेन्द्र और कई समकालीन तथा परवर्ती विचारकों ने उसे नई दृष्टि से देखना शुरू किया। उसमें समकालीन राष्ट्रीय चेतना की ध्वनि भी सुनी गयी, स्वाधीनता आन्दोलन के सत्याग्रह की छाप भी देखी गयी। इस विमर्श का निचोड़ आचार्य हजारी प्रसाद द्विवेदी के इस कथन में देख सकते हैं—'यह साहित्य अपने युग की सम्पूर्ण चेतना और विचार-संघर्ष की सुन्दर अभिव्यक्ति है।'

परन्तु प्रारम्भ में जो धारणा जम जाती है, वह बाद में भी किसी धारा का पीछा नहीं छोड़ती, खासकर अकादमिक क्षेत्र की तोता-रटंत, जो पीढ़ी-दर-पीढ़ी चलती रहती है। हैरत है कि आज तक 'छायावाद' की एक वायवीय रोमेंटिक छवि बनी हुई है। इसका कुछ दायित्व इसके नामकरण को भी जाता है। परन्तु उस पर बहस करना व्यर्थ है। आज यह शब्द साहित्य के उस युग को सूचित करता है जो बीसवीं शती का सबसे वैविध्यपूर्ण, समृद्ध और उर्वर युग था।

क्या यह छायावाद की ही अन्त:शक्ति नहीं है कि वह हर नए युग में अपने को नए विमर्श के लिए प्रस्तुत करता रहा है? जब तक किसी कृतित्व में ही ऐसी किरणें नहीं होतीं जो रंगों का निर्माण करती हैं, तब तक आगामी समय में उस पर पुनर्विचार या नवविचार की गुंजाइश नहीं होती।

अब फिर यह नया समय है। नए प्रश्न हैं हमारे सामने। ऐसे में भी क्या छायावाद फिर से नए विचार, नई चुनौतियों के सामने प्रस्तुत है? क्या आज भी वह हमारे समय को दृष्टि दे सकता है?

कालजयी कृतियाँ अपने अन्तःरचित (इनबिल्ड) तत्त्वों में से युग के अनुरूप यथासमय उपयुक्त तत्त्व का उद्‍घाटन करती हैं—या जब तक उचित समय नहीं आता, तब तक वह तत्त्व हमें दिखाई नहीं पड़ता।

अगर हम फासले से देखते हैं तो हमें लगता है कि कामायनी को और शायद प्रसाद को भी अधूरा देखा गया, या उन्हें अपने अनुसार खंडित किया गया। शुक्ल जी का मधुचर्या वाला आरोप मुख्यतः कामायनी पर था। उसके रहस्यवाद को भी उन्होंने एक अलग नजरिए से देखा। शेष मतों का संकेत भी हमने ऊपर दिया है।

आचार्यों की उक्त लम्बी शृंखला के बाद मुक्तिबोध ने नए सिरे से कामायनी का अनुशीलन किया। उन्हें ठीक लगा था कि आगामी समय की प्रेरणा और चुनौती निराला नहीं, जयशंकर प्रसाद हैं और उनमें भी 'कामायनी'। परन्तु वे भी उसमें अपने अनुरूप अर्द्धसत्य ही देख सके। उन्होंने 'संघर्ष' सर्ग तक तो उसमें प्रगतिशील यथार्थ की प्रासंगिकता देखी, बाद में उन्हें उसमें बिखराव, विचलन आदि दिखाई पड़े। शायद आगे की दार्शनिक प्रतीतियाँ उन्हें रास नहीं आई थीं। परन्तु दर्शन की अन्तर्धारा तो कामायनी में 'चिन्ता' से 'आनन्द' तक है। यानी पहली पंक्ति से अन्तिम पंक्ति तक। फिर तो उसमें अर्ध स्वीकार के साथ बिखराव देखने की एक चाल ही चल पड़ी, जबकि बड़ी रचना अखंड होती है, यह बात अलग है कि हम उसके सम्पूर्ण विजन को न देख पाएँ। यह दुर्घटना हिन्दी आलोचना में बार-बार हुई है। अज्ञेय ने प्रसाद को 'विश्वविद्यालयों का कवि' कहकर अलग तरह से खंडित किया है। ख़ैर।

लगता है अधिकांश अध्येता तो छायावाद और प्रसाद या 'कामायनी' के सम्पूर्ण विजन को देख ही नहीं पाए (उनमें से एक मैं भी हूँ) छायावाद में प्रकृति, सौन्दर्य, दर्शन, काव्यकला और अलग-अलग चीज़ें तो खूब देखी गयीं और उन पर लोग मुग्ध भी हुए, परन्तु यह न जाना कि यहाँ सिर्फ जूही, चमेली, डैफोडिल्स का सौन्दर्य या रंग, गन्ध, रूप, रस का संसार नहीं था, एक समष्टिगत जीवन-बोध दार्शनिक सूक्ष्मता और उत्कर्ष भी था।

इसलिए प्रसाद ने 'कामायनी' में 'प्रकृति-विमर्श' को 'संस्कृति-विमर्श' का रूप दिया। सोचकर तो नहीं, पर कवि की अन्तःप्रज्ञा ने पदार्थवाद 'सभ्यता-विमर्श' से, जिसके पदचाप भारत में तब सुनाई पड़ रहे थे; आत्मवादी 'संस्कृति-विमर्श' को अग्रगामी बना दिया। संस्कृति जिन उपादानों से बनती है; उदाहरण के लिए प्रकृति, मानव-जीवन, कला, सौन्दर्य, संघर्ष, मूल्य ज्ञान-विज्ञान, दर्शन आदि को उसमें गूँथ

दिया। मनुष्य या मनुष्यता के जन्म की भूमिका से लेकर उसके चरम उत्कर्ष का अखंड विधान 'कामायनी' में एक जीवन्त काव्य-भाषा में रचा है। यह एक सम्पूर्ण 'संस्कृति दर्शन' है।

'कामायनी' प्रलय के कारण देव-जाति के विनाश से शुरू होती है। प्रलय का उल्लेख वेद, उपनिषद, ब्राह्मणग्रन्थों, महाभारत, भागवत आदि कई प्राचीन ग्रन्थों में है। पर प्रसाद को दृष्टि देखिए। क्योंकि यह सर्जना का मूल प्रश्न है कि आपकी अन्तर्दृष्टि चीज़ों को किस कोण पर खड़े होकर देखती है। पुराणों में तो प्रलय के बाद वट के पत्ते पर बैठे बालक मनु बचे रहते हैं। ख़ैर सब कथाओं में यह तो है कि प्रलय हुआ और कैसे हुआ, मनु कैसे बचे रह गये? पर सिर्फ शतपथ ब्राह्मण के आठवें अध्याय में यह संकेत है कि प्रलय क्यों हुआ? प्रसाद ने 'कामायनी' के आमुख में इसे उद्धृत किया—

देवगण के उच्छृंखल स्वभाव, निर्बाध आत्मतुष्टि में अन्तिम अध्याय लगा और मानवीय भाव अर्थात् श्रद्धा और मनन का समन्वय होकर प्राणी को एक नए युग की सूचना मिली।

यह प्रसाद का केन्द्रीय संकेत और रचना की मूल भूमि है। इसका अत्यन्त मार्मिक, विचलित कर देने वाला, विस्तृत वर्णन प्रसाद ने जिस मनोभूमि पर जाकर किया है, वह अप्रतिम है।

प्रलय से बचे मनु 'चिन्ता' कर रहे हैं। अर्थात् 'चिन्ता' या 'चिन्तन'—मनुष्य के उद्भव का पहला-सोपान है, क्योंकि इसके अभाव में देव जाति सिर्फ पुण्य का उपभोग करती है, नया पुण्यार्जन नहीं। इसका यह अर्थ नहीं है कि चिन्ता के अभाव में प्रलय हुआ। वह तो सिर्फ देवता और मनुष्य की विभाजक है। क्योंकि मनु की शक्ल-सूरत तो नहीं बदली थी, बदला था केवल भीतर का रसायन, जिसने उन्हें देवता से मनुष्य बना दिया। प्रसाद ने बताया। कि प्रलय का यह नायक कौन है जो देवताओं को 'मनुष्य' बनाता है। चिन्ता ने मनु के मन में फ्लैश बैक के जरिए आत्मालोचन और पश्चाताप भर दिया ताकि समझ सकें कि यह सब उस संवेदनहीन एकाधिकारवाद से हुआ, आत्मतुष्ट सुख की पराकाष्ठा से हुआ, जो प्रकृति को अपना दास समझता था—

सब कुछ थे स्वायत्त विश्व के
बल, वैभव, आनन्द अपार।

इसके आत्म-भोग से देवता 'सुख केवल सुख' का संग्रह करते रहे।

अमर्त्य सेन को जिस आर्थिक सिद्धान्त पर नोबेल पुरस्कार मिला था, वह बंगाल के अकाल के कारणों का अन्वेषण है, जिसमें उन्होंने कहा है कि अकाल, अवर्षा या उपज न होने से नहीं होता, वह होता है उस एकाधिकारवादी संग्रहण या

होर्डिंग से, जो साहूकार करते हैं और अनाज की कीमत जन-साधारण की सीमा के परे हो जाती है। चारों ओर त्राहि-त्राहि मच जाती है।

देवता भी सब कुछ स्वायत्त कर लेना चाहते थे, प्रकृति की शक्तियों पर उनका एकाधिकार था, धरती उनके पैरों से काँपती थी; 'प्रकृति' उनके 'पद-तल' में पड़ी रहने को विवश थी; जब इसकी पराकाष्ठा हो गयी तो प्रकृति का सन्तुलन समाप्त हो गया। नतीजा हुआ : 'पंचभूत का भैरव मिश्रण'।

वे पंचभूत जो अपने समन्वय से सृष्टि को धारण करते हैं, वे ही अपने पर हो रहे अत्याचारों से, अकूत शोषण से भयंकर रूप से व्याकुल हो उठते हैं और 'भैरव मिश्रण' में तब्दील हो जाते हैं, विनाशक हो जाते हैं; धारण करने वाली धरा धँस जाती है, सुप्त ज्वालाएँ जाग उठती हैं, दिशाएँ जल उठती हैं, जलधर पागल हो जाते हैं, समुद्र मर्यादा खो देता है, अँधेरा सूर्य को निगल लेता है। चारों ओर पंच तत्त्वों का तांडव ही तांडव!

प्रसाद अपने समय में एसे 'प्रारम्भ' को देख रहे थे जो मनुष्यता का 'अन्तिम अध्याय' लिखता है। विज्ञान का यह नारा था कि वह 'मनुष्य की प्रकृति पर विजय है।' ऐसे में प्रकृति का भारत जैसे देश का कवि नहीं गुहारता तो कौन गुहारता? कवि ही नहीं, कवि हृदय* वैज्ञानिक जगदीश चन्द्र बसु पदार्थवादी वैज्ञानिक जगत के बीचोबीच यह खोजने और सिद्ध करने पर तुले हुए थे कि पेड़-पौधों में भी जान होती है। लोग सोचते थे कि भला इससे क्या होगा? रोटी, कपड़ा, मकान मिल जाएगा? बीमार का इलाज हो जाएगा? अपढ़ को शिक्षा मिल जाएगी? हम तेज गति से दूरियाँ तय कर सकेंगे? हवा में उड़ सकेंगे? इन सबकी जीवन में जगह है, पर उस प्रकृति की कीमत पर नहीं, जो मूल है! लिहाजा हमने उन्हें किसी गिनती में नहीं लिया। जब हम महापुरुषों, युग निर्माताओं के नाम लेते हैं तो हमें न जयशंकर प्रसाद का नाम याद आता है, न जगदीश चन्द्र बसु का। संयोगवश जिस साल (1935) कामायनी प्रकाशित हुई, उसी के दो साल बाद (1937) जगदीश चन्द्र बसु का निधन हुआ था। उस समय गाँधी भी प्रकृति को पुकार रहे थे। उन्होंने अपने जीवन को ही प्रकृति बना लिया था, जो दिखावटी यथार्थ से नहीं, उन मूल्यों से जुड़ता है, जो सन्तुलन, संयम, विवेक और वैश्विकवाद के चराचर सम्बन्धों से तय होता है। यह एक ऐसा अज्ञात सामूहिक विमर्श था जो भारत की तरंगों में तैर रहा था।

देव जाति के विनाश पर मानवीय 'चिन्ता' का उद्‌भव होते ही मनु को यह समझ में आया कि *प्रकृति रही दुर्जेय, पराजित हम सब थे, भूले मद* में। जिस वक्त पश्चिम

** वे बांगला के कवि और निबन्धकार थे। 'अव्यक्त' उनका कविता-संग्रह है।*

प्रकृति पर विजय का शंखनाद कर रहा था, उस समय यह देश कह रहा था कि प्रकृति दुर्जेय है, उसे जीतने का दम्भ मिथ्या है, विनाशक है। परन्तु सुखवादी; उपभोक्तावादी जगत यह हमको कहाँ याद था? उसने पश्चिम को अपने जीवन पर ओढ़ लिया। नतीजा क्या हुआ? प्रकृति को जीत लेने का दम्भ आज क्या गुल खिला रहा है?

भारत के स्वर्ग कश्मीर का अभूतपूर्व जलप्रलय; उत्तराखंड की देव-भूमि पर क्रुद्ध हिमालय का टूटकर गिरना; लाशों के ढेर; बारम्बार भूकम्प, सुनामी, फैलिनी, हुदहुद जैसे तूफान; भूस्खलन से गाँव के गाँव का दफन होना; जंगलों, पहाड़ों में लगी आग; बस्तियों का उड़ा ले जाने वाले अन्धड़; ज्वालामुखियों के निश्वास; बादलों का फट पड़ना; शहरों का बर्फ में दब जाना; हवाओं का आवारा हो जाना; ऋतु-चक्र का उलट फेर और अन्ततः ग्लोबल वार्मिंग (भूतापीकरण)... इस बार प्रलय धरती से नहीं, आकाश से आएगा, जिसे हम निरीह खोखल मानते हैं, परन्तु जो पंचतत्त्व का एक तत्त्व है।

यह सब क्या इसलिए नहीं कि हम केवल सुख का संग्रह करना चाहते हैं? कुछ एकाधिकारवादी देश भूमंडलीकरण का मुखौटा लगाकर ग्रीन हाउस गैसों के उत्सर्जन से दुनिया की छत की परत पतली करने पर तुले हैं। अपने पर्यावरण को हमने दूषित कर लिया है।

इसका अर्थ यह नहीं है कि प्रकृति हमारे विकास में भाग लेना नहीं चाहती। वह तो माँ है। माँ चाहे जितनी नाजुक हो, बच्चों को दूध पिलाती है, पर वे ही बच्चे उसका स्तन काट दें तो वह चंडी बन जाएगी। उसका विरोध, अतिचारों से है। शैव दर्शन कहता है कि 'प्रकृति शक्ति का संकुचन है।' शक्ति ही प्रकृति है, वह सौम्या-सर्जक भी है और कराला काली भी, यही दार्शनिक दृष्टि 'कामायनी' की है। परन्तु इसी प्रकृति के ऊपर हमारी शहरी सभ्यता एकाधिकार करना चाहती है, अनाज की जगह इमारतें उगा रही है, बाँधों के लिए पहाड़ों को काट रही है, सभ्यताओं का घर उजाड़ रही है...

आर्थिक चिन्तक रामचन्द्र सिंह देव ने एक पुस्तक कुछ समय पहले पूरे प्रमाण के साथ लिखी थी—'सिविलाइजेशन इन हरी।' 'हड़बड़ी की सभ्यता'। जिसमें उन्होंने लिखा था कि आपके ये ऊँचे-ऊँचे बाँध थोड़े ही वक्त में कब्रगाह हो जाएँगे। या तो इनमें बाढ़ें आएँगी या सूखे पड़ेंगे। नतीजे दिखने लगे हैं।

सुन्दरलाल बहुगुणा या कितनी ही पहाड़ी स्त्रियाँ भले पेड़ों से चिपकें, स्वार्थी मनुष्य जंगल के जंगल साफ कर रहे हैं। आज दुनिया का बावन प्रतिशन जंगल साफ हो चुका है—तो जंगल के जीव कहाँ जाएँगे? वे बस्तियों में, शहरों में घुस रहे हैं—मार रहे हैं या मारे जा रहे हैं। पेड़ नहीं होंगे तो बादलों को हाथ हिलाकर कौन बुलाएगा? धरती को कसकर पकड़ने वाले पेड़ नहीं होंगे तो उसे धँसने से कौन बचाएगा?

भानु भारती द्वारा निर्देशित एक नाटक है—'अमर फल'। यह भीलों की लोक-कथा है। भील जंगल के जीव हैं। वे पेड़ों का सुख-दुख, उनका अर्थ समझते हैं। इस कथा में एक व्यक्ति कुल्हाड़ी लेकर जंगल जाता है। वह पेड़ पर जब पहली कुल्हाड़ी मारता है तो वह निर्मल जलधारा देता है, जब दूसरी कुल्हाड़ी मारता है तो पेड़ उसे मीठी रसधारा देता है, पर जब कुल्हाड़ी का तीसरा वार करता है तो पेड़ से खून की ऐसी धारा बहती है जो प्रलय-समुद्र बन जाती है, जिसमें कुल्हाड़ी और कुल्हाड़ी वाला, आसपास का पूरा संसार डूब जाता है। हमने आज प्रकृति पर तीसरी कुल्हाड़ी उठा ली है, ये खंड प्रलय इसीलिए हो रहे हैं।

जो कुछ हमारे आसपास और दुनिया भर में घटित हो रहा है वह हमें आगाह कर रहा है कि प्रगति और विकास अन्धी संज्ञाएँ हैं और विडम्बना यह है कि वे अन्धों का हाथ पकड़कर चल रही हैं, जिन्हें खुद पता नहीं कि वे किस दिशा में जा रहे हैं? अकेली गति का कोई अर्थ नहीं है, जब तक वह दिशावान न हो और सिवा चराचर के कल्याण के वह दिशा क्या हो सकती है? जब तक हम विकास और विवेक को नहीं जोड़ेंगे और प्रकृति का अन्धाधुन्ध शोषण करेंगे तो वह जिन चीज़ों को नष्ट करेगी, वे होंगे, वे ही विपुल साधन, सुख और तृप्तियाँ, जिन्हें पाने के लिए हम अहर्निश भाग रहे हैं :

वे सब डूबे, डूबा उनका
विभव, बन गया पारावार
उमड़ रहा था देव सुखों पर
दुख जलधि का नाद अपार। (*चिन्ता*)

मनुष्य की आत्म-केन्द्रित लोलुप सभ्यता, भोग की असमाप्त तृषा, विलास का अतिचार महाप्रलय का कारण था। 'कामायनी' जब लिखी गयी, तब से हम यह सब तो दोहराते रहे, पर मुझे नहीं लगता कि आज तक किसी टीकाकार ने या आलोचक ने यह सवाल किया हो कि देव जाति के आत्यन्तिक सुख-विलास से प्रकृति का क्या लेना-देना? वे अपनी अंगनाओं से लिपटे रहते थे, उनकी साँसों की सुवास में मगन रहते थे तो प्रकृति को क्या एतराज था? उनके रत्न-सौधों से समुद्र क्यों ख़फ़ा था? अर्थात् हमने विलास और विनाश के सम्बन्धों की पड़ताल नहीं की। शायद यह मुद्दा हम देव जाति का ही समझते थे, उनकी पारदर्शी दृष्टि ने देख लिया था, जो हम आज भोग रहे हैं। श्रद्धा मनु से नहीं हम से कह रही थी :

औरों को हँसते देखो मनु
हँसो और सुख पाओ।
अपने सुख को विस्तृत कर लो
सबको सुखी बनाओ। (*कर्म*)

क्योंकि देव जाति ने केवल अपने लिए सुख का सघन संग्रह कर लिया था और हम भी आज कर रहे हैं।

सुख केवल सुख का वह संग्रह
केन्द्रीभूत हुआ इतना
छाया पथ में नव तुषार का
सघन मिलन होता जितना (चिन्ता)

'आकाश-गंगा' में ओसकणों जैसे सुख ने दूसरे भावों के लिए जगह ही नहीं छोड़ी थी। पंत ने लिखा है—*अविरत सुख भी उत्पीड़न, अविरत दुख भी उत्पीड़न*। पर देव जाति को यह 'सुख का सघन संग्रह' उत्पीड़न नहीं लग रहा था, मौज-मस्ती लग रही थी। जब उसने चिन्ता जानी तो 'अवसाद' ने जन्म लिया, देव-जाति का अवशेष मनु झुँझला पड़ा 'विस्मृति आ अवसाद घेर ले।' क्योंकि 'चिन्ता' मनुष्य-चेतना का केन्द्र जो है :

बुद्धि, मनीषा, मति, आशा, चिन्ता
तेरे कितने हैं नाम (चिन्ता)

मनु 'इंसानियत' अर्थात् सहानुभूति अर्थात् करुणा, तब समझे जब उन्होंने दुख समझा। यह संवेग उनमें था ही नहीं। प्रसाद ने लिखा '*दुख का गहन पाठ पढ़कर वे सहानुभूति समझते थे*'। क्या धीरे-धीरे आज हमारी सभ्यता इसी सहानुभूति को भूलने का पाठ नहीं पढ़ रही है? तो क्या हम अपनी इंसानियत खो रहे हैं?

आज हमें प्रसाद को फिर से समझना होगा। हमें समझना होगा कि विलास का प्रलय से क्या सम्बन्ध है?—कि पेड़-पौधों को जीवित मानकर उनके साथ मानवीय व्यवहार करने का क्या अर्थ है? क्योंकि मनुष्येतर जलचर, थलचर और नभचर भी प्रकृति है।

मनु में जब मानवीय आशा जगी थी, तो उन्होंने नया जीवन ही प्रारम्भ किया। अग्निहोत्र किया था और संवेदना का विस्तार करते हुए बचा हुआ हविष्यान्त किसी अज्ञात प्राणी के लिए रख दिया था, इसी को देखकर श्रद्धा को लगा था कि कोई संवेदनशील व्यक्ति सजीव है, जिसमें (प्राणिमात्र के अध्ययन) भूत-हित की भावना है; तभी उस व्यक्ति को उसने खोजना शुरू किया और मनु मिले :

यहाँ देखा कुछ बलि का अन्न
भूत-हित-रत किसका यह दान। (श्रद्धा)

मनु का यह अग्निहोत्र यज्ञ की मूल भावना—'आत्माहुति' या 'आत्म-तर्पण' से जुड़ा था, परन्तु मनु में जब काम पराकाष्ठा पर पहुँचा यानी उनका देवता जब पुनः जागा, तब उसने असुर पुरोहितों से मिलकर जो यज्ञ किया था, उसमें श्रद्धा के पालित पशु की हत्या कर दी गयी थी, श्रद्धा कितनी आहत हुई थी? वाल्मीकि

कितने आहत हुए थे, जब व्याध ने पक्षी-युगल में से एक का वध कर दिया था? हमारी कविता ने प्रकृति के विनाश पर भयंकर क्षोभ और करुणा से जन्म लिया था। यह मनुष्य की सृष्टि थी—उस काव्य की तरह जो ईश्वर की सृष्टि है—अथर्ववेद कहता है—'देवस्य पश्य काव्यम्।' 'ईश्वर का यह सृष्टि-काव्य देखें।'

न प्रकृति ने, न संस्कृति ने हमारे सुख-भोग से इनकार किया है, उसने सिर्फ यह कहा है—'तेन त्यक्तेन भुंजीथा' त्यागकर भोगो। यानी दूसरे के लिए भी कुछ बचाकर रखो, वाला! सब कुछ हड़प न कर ले। उसका विरोध सुख भोग की 'आत्यन्तिकता' से है। क्योंकि जैसा पहले कहा है कि प्रकृति तो हमें देने में कोई कोताही करती ही नहीं है। वह अभी है जो कहती है—'समर्पण लो सेवा का सार।' पर हमने अपने आत्यनिक सुख-भोग के लिए उसका शारीरिक-मानसिक सन्तुलन बिगाड़ दिया है।

ध्रुवों का बर्फ़ क्यों तेजी से पिघल रहा है? ओज़ोन की परत क्यों छीज रही है? ब्रह्मांडीय विकिरण पृथ्वी के वायुमंडल में घुस जाने को क्यों व्याकुल है? हमारी नदियाँ क्यों गन्दे नाले बन रही हैं? हवा में इतनी घुटन, इतनी धुंध क्यों है? हमारी धरती क्यों मनुष्यों के अन्न, पशुओं के चरागाह, जंगली जीवों के लिए छोटी पड़ रही है? इसका जवाब देती है 'कामायनी'। उस वक्त हम समझे नहीं थे, आज हम वह सब प्रत्यक्ष देख रहे हैं जो भाषा में, बिम्ब में, रूपक में रचा गया था। कहीं हमारी सभ्यता का भी वैसा ही अन्त न हो जाए, जो किसी समय देव-सभ्यता का हुआ था :

उदधि डुबोकर अखिल धरा को
बस मर्यादाहीन हुआ।

हमारा प्रश्न है कि उदधि मर्यादाहीन हुआ था या देव जाति उच्छृंखल?

घने अन्धकार की वेला प्रकाश के आह्वान की बेला भी होती है। 'कामायनी' के संस्कृति-विमर्श का अगला पड़ाव यहीं से शुरू होता है। चिन्ता से श्रद्धा और श्रद्धा से संघर्ष तक की कथा जीवन के ऊहापोह; बौद्धिक जीवन की शुरुआत तथा औद्योगिक-वर्गीकृत सभ्यता के निर्माण की प्रगति-कथा है। 'संघर्ष' के बाद के चार सर्ग, जीवनानुभवों से गुजरे इंसान की परार्थ गाथा हैं जो नव मानवतावादी उत्थान है।

उसके भी आगे एक ऐसी आलोक-गाथा है, जिसमें मनु इस वर्गीकृत विश्व को, उसकी एकान्तिकता से उपजे अभिशाप को साफ-साफ देख पाते हैं और श्रद्धा, जो शक्ति का व्यक्त रूप है—तीन वर्गीकृत गोलकों (इच्छा, क्रिया और ज्ञान) में अपनी स्मिति से अभेद स्थापित कर देती है :

ज्ञान दूर कुछ, क्रिया भिन्न है,
इच्छा क्यों पूरी हो मन की
एक-दूसरे से न मिल सकें
यह विडम्बना है जीवन की।

महा ज्योति-रेखा सी बन कर
श्रद्धा की स्मिति दौड़ी उनमें
व सम्बद्ध हुए फिर सहसा
जाग उठी थी ज्वाला जिनमें। (रहस्य)

प्रसाद देव-सृष्टि के 'सुख केवल सुख के संग्रह' वाली संस्कृति के विकल्प में जिस मनुष्य-संस्कृति की कल्पना करते हैं, वह है :

सबकी सेवा न पराई
वह अपनी सुख-संस्कृति है; (आनन्द)

पहले यही 'मनु' ने नहीं सुना था, अब सुन रहे थे।

विश्व का एक नीड़ बन जाना भारतीय संस्कृति का मूल वचन है वही 'कामायनी' का भी आप्त वाक्य है :

सब भेद भाव भुलवाकर
दुख सुख को दृश्य बनाता
मानव कह रे 'यह मैं हूँ'
यह विश्व नीड़ बन जाता। (आनन्द)

प्रसाद ने 'मनु-श्रद्धा' को ही हिमालय के शृंग पर नहीं पहुँचाया, उनके साथ पूरी प्रजा को भी उस 'शृंग' का साक्षात्कार कराया है। यह एक कवि की विश्व-दृष्टि है।

यहाँ प्रसाद भविष्यवाणी नहीं कर रहे हैं, भविष्य-दृष्टि दे रहे हैं।

मानव संस्कृति का चक्र यहाँ जाकर पूरा होता है। प्रसाद संघर्ष तक कृति को छोड़ देते तो वह अधूरी रह जाती। भौतिकता अवधि है मनुष्य जीवन का एक पड़ाव, परन्तु आत्मिक उदात्तता, विश्वभाव का उत्कर्ष, उसका चरम प्राप्य है। एक चिन्तक भारतीय कवि यहाँ तक पहुँचे बिना विराम कहाँ ले लेता, क्या एक ऐसी ऊसर धरती पर जहाँ आज हमारी सभ्यता तड़पती पड़ी है?

दिनकर : राष्ट्रकवि के आयाम

आत्मचिन्तन और आत्मालोचन दिनकर की ऐसी विशेषताएँ हैं जो उन्हें निरन्तर गतिशील रखते हुए 'रेणुका' से 'उर्वशी' और 'हारे को हरि नाम' तक पहुँचाती हैं। वे अपनी रचनात्मकता से बार-बार जूझते और अपने को समझने, आलोचित करने और जरूरत पड़ने पर रूपान्तरित एवं विकसित करने की कोशिश करते हैं। अपने शौर्य-काव्य के बारे में उनकी टिप्पणी है :

> 'लगता है पृथ्वी पर आने से पूर्व जब भगवान को प्रणाम करने गया, वे कलाकारों के बीच छेनी, टाँकी हथौड़ी, कूँची और रंग बाँट रहे थे। लेकिन भगवान ने मुझे छेनी, टाँकी, हथौड़ी नहीं दी, जो पच्चीकारी के औजार हैं। उनके भंडार में हथौड़ा पड़ा हुआ था। भगवान ने वही हथौड़ा उठाकर मुझे दे दिया और (जरा सी आत्मश्लाघा के लिए क्षमा कीजिए) कहा कि जा तू इस हथौड़े से चट्टान के पत्थर तोड़ेगा और तेरे तोड़े हुए अनगढ़ पत्थर भी काल के समुद्र में फूल के समान तैरेंगे।'

अगर दिनकर के इस कथन को हम उनकी राष्ट्रीय कविताओं के बारे में लें और उर्वशी, रसवंती, समाधेनी जैसी काव्य कृतियों को इसके बाहर रखें तो लगेगा कि वे इस काव्य की खूबी और अभाव दोनों से परिचित हैं और जो थोड़ी-बहुत आत्मश्लाघा है वह कवि का आत्मविश्वास है जिसके बिना कोई भी सर्जना सम्भव नहीं होती। यह सच भी है कि उनके इस काव्य में 'समुद्र में फूल के समान तैरने' का काव्य-गुण है, और वह इस रूढ़ि को तोड़ता है कि ऋतु काव्य समकाल में बद्ध होकर अपने परे की काव्य-यात्रा को सम्भव नहीं होने देता।

दिनकर के राष्ट्रीय काव्य की दो कोटियाँ हैं। जो श्रेष्ठकोटि का काव्य है वह आवेग और वेग का काव्य है। उसमें कवि कथात्मक ब्यौरे न देकर मर्म को पकड़ता है जो पाठक की नब्ज पर उँगली रखने की क्षमता रखता है। उसके भीतर की अग्नि देश-काल-पात्र की जड़ीभूत पहचान को भस्म करती, समयान्तरण में अद्‌भुत रूप से समर्थ है। परशुराम की प्रतीक्षा में कवि कहता है :

'घटा फाड़कर जगमगाता हुआ
आ गया देख ज्वाला का बाण
खड़ा हो जवानी का झंडा उठा
ओ मेरे देश के नौजवान।'

इस आह्वान का काव्य के विषय से कोई सम्बन्ध प्रतीत नहीं होता। यहाँ शब्दशः 'विषय' को बेधकर 'वस्तु' से सीधा सम्पर्क स्थापित किया गया है। इसी तरह जब कवि पराजय के लिए उत्तरदायी व्यक्ति की घोषणा करता है तो वहाँ भी दंश-काल तिरोहित हो जाता है :

'गीता में जो त्रिपिटक निकाय पढ़ते हैं
तलवार गला कर जो तकली गढ़ते हैं
शीतल करते हैं अनल प्रबुद्ध प्रजा का
शेरों को सिखलाते हैं धर्म अजा का।'

इससे भी आगे कविता अपने को समकाल से जोड़ते हुए सारे विभेदक चिह्न मिटा देती है :

'घातक है जो देवता सदृश दिखता है
लेकिन कमरे में ग़ज़ल हुक्म लिखता है।
जिस पापी को गुण नहीं, गोत्र प्यारा है,
समझो उसने ही यहाँ हमें मारा है।'

विभेदक चिह्न मिटाने की प्रक्रिया जटिल होती है। उसमें कविता का प्रत्येक अवयव सक्रिय हो उठता है; शब्द अपना अभिधार्थ बदलकर लक्ष्य और व्यंग्य हो जाते हैं; और नई तरह की कलात्मकता पैदा हो जाती है। यहाँ 'गीता' और 'त्रिपिटक निकाय' से लगाकर 'अजा' तक अपना मूल अर्थ पाकर भी उसे खो देते हैं और लक्ष्यार्थ तथा व्यंग्यार्थ की रौशनी फेंकते हुए कर्म, वैराग्य, हिंसा, अहिंसा, रूप-गुण, छल-छद्‌म, जाति-धर्म वगैरह अर्थ-रूपों में विकीर्ण हो जाते हैं।

दिनकर किसी जादूगर की तरह पहले विषय को मुट्‌ठी में कसते हैं, फिर जब मुट्‌ठी खोलते हैं तो वह कहीं नहीं दिखता। उसका सारांश दिखता है। वे सामाजिक के भीतर अपने को शामिल कर लेते हैं और उसके तापमान से अपनी कविता को संचालित करते हैं। पाठक की प्रतिक्रिया, आकांक्षा, क्षोभ, झुँझलाहट, क्रोध, उत्साह या त्रास उनकी कविता से रसधारा की तरह प्रवाहित होता है और एक अनोखी प्रतीकात्मकता पैदा कर देता है जिससे विषय विस्तार पा जाता है :

'ले अंगड़ाई उठ हिले धरा
तू कर विराट स्वर में निनाद

तू शैलराज हुंकार भरे
फट जाए कुहा भागे प्रमाद।'

कैसा विराट् और सक्रिय बिम्ब है जो प्रतीकात्मकता में दीप्त है, इससे सामाजिक के हृदय में भी ऊँची लहरें उठने लगती हैं।

देश जब आजाद होता है तो यह जन कवि भी उल्लसित हो उठता है। उसका उत्साह और कामना सीमा में बँधने को तैयार नहीं :

'सबसे विराट जनतन्त्र जगत का आ पहुँचा
तैंतीस कोटि हित सिंहासन तैयार करो।
अभिषेक आज राजा का नहीं, प्रजा का है
तैंतीस कोटि जनता के सिर पर मुकुट धरो। (धूप और धुआँ)

लेकिन जब आजादी के बाद जनता के साथ कवि का भी मोहभंग होता है तो वह फिर जनता के साथ खड़ा हो जाता है और सत्ता या नेताओं से सवाल करता है :

'यह वही आदमी है जिसकी पीड़ाओं को आगे करके
स्वाधीन हुए थे तुम जिसकी पीड़ाओं को आगे धरके।'

'यह वह मनुष्य जिसकी ज्वाला की ढाल बना तुम लड़ते थे
जिसकी तावीज पहन कर तुम शेरों की तरह अकड़ते थे
क्या हुआ कि इस भूखी प्रतिमा को देख आज भय लगता है
मर गयी कौन-सी नस जिससे वह दर्द नहीं अब जगता है।'

यह दर्द का स्वर है जो दिनकर में शौर्य की तरह ही कविता के केन्द्र में है, यह उनका अपना जीवनानुभव भी है जो कविता में टीस रहा है। जो कवि जनता का हिमायती होता है उसके भीतर की पीड़ा बहुत सघन होती है, क्योंकि कोई भी सत्ता हो, जनता का इतिहास तो त्रास की लेखनी से ही लिखा हुआ होता है :

'दिल्ली में तो है खूब ज्योति की चहल पहल
पर भटक रहा है सारा देश अँधेरे में।'

सत्ता-केन्द्र हमेशा जगमगाता है और जितना जगमगाता है उतना ही चकाचौंध का अँधेरा जन-मन में भरता जाता है। ये कवि के हार्दिक भाव ही हैं जो विषय को अलगनी बना देते हैं और दिल्ली का वस्तु जगत हमारे भाव जगत को अजब तरह से घूरने लगता है। हम इतिहास-केन्द्रों पर पहुँचकर भी इतिहास पढ़ना भूल जाते हैं और यथार्थ पढ़ने लगते हैं :

'तामस बढ़ता ही गया धकेल प्रजा को
निर्बन्ध पन्थ यदि नहीं मिला प्रतिभा को

रिपु नहीं, यही अन्याय हमें मारेगा
अपने घर में ही फिर स्वदेश हारेगा।'

यह परशुराम की या उनके देश-काल की समस्या नहीं है, यह हमारी और हमारे देशकाल की समस्या है। अपनी प्रतिभाओं के लिए हमारे देश में ही जगह कहाँ है? सारे उच्चकोटि के मस्तिष्क विदेशों में निर्यात हो जाते हैं। लगता है परशुराम सिर्फ एक बहाना है, एक प्रतीक है जिसमें कवि को अपना युग-सत्य कहना है।

इतिवृत्तात्मक कविता में, दिखने वाली गति में भी भीतर से एक ठहराव होता है, सम्भवत: इसीलिए दिनकर ने उस प्रवृत्ति को अपने से दूर रखने की कोशिश की है। वे कहीं ठहरते नहीं, उद्‌दामता के साथ त्वरा उनका काव्य-गुण है। ये और ऐसे अनेक गुणों के कारण उनकी राष्ट्रीय कविताएँ वक्त के भीतर नहीं सिमटतीं, इसके परे निकल जाती हैं जो उनके शब्दों में 'प्रस्तर का काल-समुद्र में फूल की तरह तैरना है।'

वैचारिक स्तर पर दिनकर समझते हैं कि वे गाँधी और मार्क्स का द्वन्द्व झेल रहे हैं जो तत्कालीन वैचारिक जगत का भी द्वन्द्व था। परन्तु सच यह है कि तब के कवि वास्तव में गाँधी और सशस्त्र क्रान्तिकारियों के बीच झूल रहे थे। माखनलाल चतुर्वेदी, बालकृष्ण शर्मा नवीन, जयशंकर प्रसाद सभी का यह द्वन्द्व था। यह अलग बात है कि उनकी अभिव्यक्ति में भिन्नता थी।

दिनकर की गाँधी में अपरिमित श्रद्धा थी। वे कहते हैं :

गाँधी, बुद्ध, अशोक नाम हैं बड़े दिव्य स्वप्नों के।
भारत स्वयं मनुष्य जाति की बहुत बड़ी कविता है।

अपने से, उबलते गीत माँगने वालों से वे पूछते हैं :

तुझसे जो माँगते उबलते गीत अनल में
पूछ धर्म की वे किंचित सीमा स्वीकार करेंगे?
मानव मूल्यों की जब कुछ आहुतियाँ पड़ती हों
रोएँगे तो नहीं? पाप से तो वे नहीं डरेंगे?

वे समर को पाप बताते हैं और प्रकारान्तर से शान्ति और अहिंसा का समर्थन करते हैं :

समर पाप साकार समर क्रीड़ा है पागलपन की
सभी विधाएँ व्यर्थ समर में, साध्य और साधन की।

दूसरी ओर पाप की उन्हीं की परिभाषा है :

छीनता तो स्वत्व कोई और तू
त्याग तप से काम ले यह पाप है
पुण्य है विच्छिन्न कर देता उसे
बढ़ रहा तेरी तरफ जो हाथ है।

क्या यह कथन प्रकारान्तर से गाँधी को वापस कर, उग्र क्रान्तिकारियों का आह्वान नहीं करता :

रे रोक युधिष्ठिर को न यहाँ
जाने दे उसको स्वर्ग धीर
पर फिरा हमें गांडीव गदा
लौटा दे अर्जुन भीम वीर।

यह कथन जैसे गाँधी से ही तर्क करता है :

कौन केवल आत्मबल से जूझकर
जीत सकता देह का संग्राम है
पाशविकता शस्त्र जब लेती उठा
आत्मबल का एक वश चलता नहीं।

गाँधी और क्रान्तिकारियों का; हिंसा और अहिंसा का; आत्मबल और देहबल का संग्राम उनके भीतर बराबर आजीवन चलता रहा। काव्य और जनता के मनोभाव की भूमि होने के कारण क्रान्ति, हिंसा, देह-बल की ओर उनका झुकाव बना रहा।

लेकिन इसका यह अर्थ नहीं कि उन पर मार्क्स का कोई प्रभाव नहीं था। 'अरुण विश्व की काली जय हो। लाल सितारों वाली जय हो' जैसी पंक्तियाँ भी उन्हीं की हैं। वे श्रम के महत्त्व की घोषणा भी करते हैं :

नर समाज का भाग्य एक है
वह श्रम है, भुज बल है
जिसके सम्मुख झुकी हुई
पृथ्वी, विनीत नभ-तल है।

इसका यह अर्थ भी नहीं कि ऐसी पंक्तियों को मार्क्स और गाँधी के द्वन्द्व के रूप में देखा जाए। जब दिनकर कहते हैं कि 'उजले को लाल से गुणा कर देने पर जो रंग बनता है वही मेरी कविता का रंग है।' तो इस लाल रंग के अर्थ को यदि उनके काव्यार्थ में अनुवाद किया जाए तो वह क्रान्तिकारियों के ही खून का रंग है, कोई लाल सलाम वाला लाल जैसा। हम यह मान सकते हैं कि कवि जो कहता है उसे नहीं, जो रचता है उसे प्रमाण माना जाए, इस दृष्टि से दिनकर के भीतर गाँधी की अहिंसा, आत्मबल आदि का सुभाष, भगत सिंह या चन्द्रशेखर आजाद की हिंसा,

देहबल आदि से द्वन्द्व था, कभी अहिंसा का पलड़ा झुका रहता है कभी हिंसा और विद्रोह का। हम जानते हैं कि अहिंसा के प्रति आस्था रखते हुए दिनकर का दूसरा पक्ष प्रबल है।

यह कहना जरूरी है कि दिनकर केवल ओज, शौर्य और अहिंसा के कवि नहीं हैं। वे प्रेम, सौन्दर्य, रहस्यवाद और गीतात्मक वर्तुलता के कवि भी हैं। ये दिनकर ही हैं जो रसवंती, उर्वशी, सामधेनी, नील कुसुम लिखते हैं और नई कविता जैसी कविताएँ 'कोयला और कवित्व' में लिखते हैं। वे केवल तात्कालिक आवेगों की ही चिन्ता नहीं करते चिरन्तनता, कला और आन्तरिक दीप्ति की भी चिन्ता करते हैं। ऐसे में उनकी यह खलिश विचारणीय है कि फिर भी 'मेरा विरुद चारण और वैतालिक' का ही रहा। जाहिर है कि उनके बारे में आलोचना की चिन्ता केवल उनकी राष्ट्रीय कविताएँ ही नहीं, उनकी समग्रता होनी चाहिए। मुझे लगता है कि यह उनकी कविता के एक जरूरी विमर्श की तरह होगा।

इसी अवसर पर नवीनता, गहराई और अनेकान्तता के संयोग पर दिनकर की अद्‌भुत टिप्पणी उद्धृत करने का मन है। वे लिखते हैं :

> 'कविता का क्षेत्र ज्यों-ज्यों नवीन होता है, कवि त्यों-त्यों गहराई में उतरता जाता है और ज्यों-ज्यों वह गहराई में उतरता जाता है त्यों-त्यों यह बताने में वह असमर्थ होता है कि यह सत्य है और वह सत्य नहीं है। कविता की जो यात्रा गहराई की ओर है, वही उसे अनेकान्त की ओर ले जा रही है। कवि यह जान गया है कि कोई भी बात जोर से बोलने योग्य नहीं है। इसलिए अब वह निश्चित और अनिश्चित, ज्ञात और अज्ञात के संधि स्थल पर काम करता है। मनुष्य इतनी बार धोखा खा चुका है कि उसे अब किसी भी ज्ञान पर विश्वास नहीं रहा और सत्य को उसने इतनी बार बदलते देखा है कि वह कहीं भी दुराग्रहपूर्वक अड़ने को तैयार नहीं है।'

इसी रौशनी में दिनकर द्वारा उर्वशी और कुरुक्षेत्र की तुलना को अगर देखा जाए तो उनकी विकसित आलोचना और काव्य-दृष्टि का पता चल सकता है। वे लिखते हैं :

> 'कुरुक्षेत्र में प्रकाश है, उर्वशी में द्वाभा और गोधूलि है। कुरुक्षेत्र की वाणी विश्वास की वाणी है, उर्वशी की वाणी संशय और द्विधा से आक्रान्त है। कुरुक्षेत्र में मैं धृष्टतापूर्वक गुरु के पद से स्वयं बोल गया हूँ। उर्वशी की ऊँचाई पर पहुँचकर मुझे ऐसा लगा कि काश कोई गुरु मिल जाता तो उससे पूछता कि असली रहस्य क्या है।'

यह वही द्वन्द्व है जो रवीन्द्र और इकबाल जैसे दो ध्रुवों से जुड़ने पर दिनकर में, पैदा हुआ था, जो अकसर 'आमने-सामने के दो क्षितिजों से' बोलते रहे हैं। बहुत

काल तक इकबाल विजयी रहे, परन्तु अब जाकर रवीन्द्र ने कवि के हृदय प्रदेश पर आसन जमाया है जहाँ से वे उर्वशी की खोज कर रहे हैं।

उर्वशी वास्तव में द्वाभा और गोधूलि की कृति है, जहाँ धूप-छाँह की अद्‌भुत क्रीड़ा है। केवल स्त्री और पुरुष का ही समागम नहीं होता, पृथ्वी के प्रेम की पराकाष्ठा का स्वर्गीय दिव्यता से संगमन होता है। अन्त में यह प्रेम प्रकृति और पुरुष के प्रेम में रूपान्तरित हो जाता है। उर्वशी स्वयं प्रकृति का रूप है :

मेरा तो इतिहास प्रकृति की पूरी प्राण-कथा है
उसी भाँति निस्सीम, अपरिमित जैसे स्वयं प्रकृति है।

पुरुरवा और उर्वशी के बीच प्रेम ठीक उस प्रकार घटित हुआ है जैसी प्रेम की स्वाभाविक प्रकृति होती है :

'पहले प्रेम स्पर्श होता है तदनन्तर चिन्तन है
प्रणय प्रथम मिट्‌टी कठोर है फिर वायव्य गगन है।'

ऐसी स्थिति में प्रेम घटना नहीं, एक प्रतीक हो जाता है, 'कामाध्यात्म' का प्रतीक; इसके स्त्री और पुरुष साधारण स्त्री-पुरुष नहीं रहते, बल्कि सृष्टि की सर्वोत्तम सुन्दरता हो जाते हैं। यदि स्त्री अखिल भुवन की आशा है :

नहीं उर्वशी नारि नहीं, आभा है अखिल भुवन की
रूप नहीं, निष्कलुष कल्पना है स्रष्टा के मन की।

तो पुरुष है :

यह ज्योतिर्मय रूप! प्रकृति ने किसी कनक पर्वत से
काट पुरुष प्रतिमा विराट निज मन के आकारों की
महाप्राण से भर उसको, फिर भू पर गिरा दिया है।

दोनों ही वास्तव में स्रष्टा के मन के आकारों का सम्मूर्तन हैं। मन के आकार की कोई कृति यदि स्रष्टा रचता है तो संसार में उसका क्या सादृश्य! दोनों अपूर्व सुन्दर और दोनों के मन की अपूर्व सुन्दर! ऐसी कृति संसार में सृष्टि करती है तो उससे 'आयु' का जन्म होता है। इसे जन्म देते हुए उर्वशी, रूपसी अप्सरा, शायद प्रणय जीवन में पहली बार माँ बनती है। इसके लिए उसे धरती पर ही आना था। उसका सौन्दर्य नई अर्थवत्ता ले लेता है :

'गलती है हिमशिला सत्य है गठन देह की खोकर
पर हो जाती वह असीम कितनी पयस्विनी होकर।'

स्त्री जब माँ बनती है तो वह असीम से असीम हो उठती है।

प्रेम के सारे आयामों और उसकी पराकाष्ठा को इस कृति में, शौर्य के कवि ने इतनी सुकोमलता और आन्तरिक भव्यता से उकेरा है जो उसके लिए अन्वेषण और रहस्यमयी जिज्ञासा और कुतूहल का प्रतिरूप, और निस्सन्देह उसके काव्य का

शिखर बनती है। कम से कम इसे तो प्रमाणित करती ही है कि दिनकर को उसके विरुद्ध में ही कैद न कर उसके प्रसार और औदात्य को भी देखना चाहिए।

यों दिनकर ने आवेग और ओज से भरी राष्ट्रीय चिन्ता आजीवन नहीं छोड़ी, क्योंकि यह उनका स्थायी भाव थी। परन्तु उन्होंने जिज्ञासा वृत्ति के साथ विचार और आत्मालोचन की यात्रा भी स्थापित नहीं की। उन्होंने इसके लिए न केवल काव्य कृतियाँ लिखीं, गद्यात्मक लेखन भी खूब किया। 'संस्कृति के चार अध्याय' उनकी कालवाही वैश्विक चेतना का गहन पाठ है। 'शुद्ध कविता की खोज' जैसा गद्यालेख उनके अन्तरात्वेषण और आलोचना वृत्ति का उदाहरण है। संस्कृति और विचार की अनवरत यात्रा ने दिनकर को गतिमयता दी। वे रवीन्द्र और इकबाल के घेरे से निकले और टी.एस. इलियट की नवीन प्रवृत्ति से साक्षात हुए। और स्वयं नई कविता तक पहुँचे। महर्षि अरविन्द से भविष्य की कविता के बारे में जानकर कि वह मन्त्र कविता होगी, दिनकर मन्त्र-कविता की ओर मुड़े, यानी सूक्ष्म, मितभाषी और अचूक प्रभावकारी। इस कविता का प्रयोग कवि ने 'नील कुसुम' और 'हारे को हरिनाम' में किया। नवीन अन्वेषण और तत्त्वदर्शिता दिनकर की विकास यात्रा है। इससे जाहिर होता है कि वे सपाट कवि नहीं हैं, अनेक अन्तर्द्वन्द्वों और ऊहापोहों से भरा उनका काव्य-व्यक्तित्व है।

एक लम्बी काव्य-यात्रा के बाद भी दिनकर को लगा कि ज़िन्दगी की किताब तो खाली की खाली रह गयी। शुक्र सिर्फ इतना है कि एक सपाट, इकहरी और इकलौती ज़िन्दगी उन्होंने नहीं जी :

'शुक्र है कि इसी जीवन में
मैं अनेक बार जन्मा
और अनेक बार मरा हूँ।'

जाहिर है कि दिनकर अन्त तक कवि रहे नित्य नूतन, चाहे उन्हें इसके लिए उन्हें इसी जन्म में नए-नए जन्म क्यों न लेने पड़े हों।

अज्ञेय का अर्थ

भारतेन्दु के बाद अज्ञेय ही ऐसे रचनाकर हुए जिन्होंने अपने समय की रचनाशील पीढ़ी को सँजोया। भारतेन्दु की तरह उनके सामने भी चुनौतियाँ कम न थीं। अज्ञेय ने नरेश मेहता सम्मान प्रसंग में भोपाल में कहा था कि जब हमने (यानी नरेश जी और मैंने) लिखना शुरू किया तब हमारे पास भाषा नहीं थी (यानी वह भाषा जो नई अभिव्यक्ति के लिए जरूरी थी।)। भारतेन्दु के सामने यह समस्या कहीं अधिक मूर्त थी। प्रतिभा की परख में भारतेन्दु और अज्ञेय दोनों अप्रतिम थे। तभी कालान्तर में भी दोनों का चयन शीर्षस्थानीय रहा।

अज्ञेय का प्रारम्भिक काल छायावाद के परवर्ती प्रभाव का युग था। प्रगतिवाद अपने साधार, सुदृढ़ और उत्साही चरणों से अग्रसर था। एक के बिखरते और दूसरे के संगठित होते प्रभाव के बीच प्रगाढ़ रोमांस की धारा बह रही थी। इस कोलाहल में नई रचनाशीलता की धीमी, कच्ची और अपरिचित आहट को, महत्त्वपूर्ण होते हुए भी सुन पाना सम्भव नहीं था। ऐसे में अज्ञेय न ठीक परिकल्पित किया कि बिना सामूहिक प्रयास के नए प्रकार का लेखन अपनी साख नहीं बना पाएगा; और हुआ भी यही। तार सप्तक का संयुक्त आयोजन युगान्तरकारी सिद्ध हुआ।

अज्ञेय में संयोजन-कौशल, संयोजन की उदारता और संयोजन-दृष्टि थी। उनके सामने कदाचित् सबसे पहले यह समस्या खड़ी हुई कि उक्त त्रिधारा से हटकर जो प्रतिभाशाली कवि स्वतन्त्र चेतना से लिख रहे हैं, उन्हें एकजुट करने का मानक क्या हो? अनाधार कवियों के इस समूह का क्या नाम दिया जाए? अज्ञेय ने कहा कि ये सब प्रयोगशील कवि हैं और भिन्न विचार, रुचि, कथ्य, शिल्प को लेकर स्वानुभूति को व्यक्त कर रहे हैं। अपनी बात कहने के लिए अज्ञेय ने किसी भावुकता का नहीं, तर्क का सहारा लिया। तार सप्तक की भूमिका इस दृष्टि से नए काव्य का घोषणा-पत्र है।

व्यक्ति स्वातन्त्र्य के पोषक अज्ञेय ने लेखक की स्वतन्त्रता को भी एक मूल्य बनाया और कवियों को भी अपने अनुसार विचारों के चयन की स्वाधीनता दी।

उन्होंने कहा भी है कि 'मेरे स्वातन्त्र्य की कसौटी दूसरे का स्वातन्त्र्य है। इसका व्यावहारिक प्रमाण सप्तकों में संकलित रचनाकार हैं; यहाँ तक कि जिन धाराओं के प्रतिरोध में उन्होंने नई काव्य-चेतना की जरूरत महसूस की थी, उनसे प्रभावित और प्रेरित कवि सप्तकों में पर्याप्त संख्या में हैं। वहाँ घोषित-अघोषित वामपन्थी, रूमानी, समाजवादी, स्वच्छन्दतावादी भावधारा से प्रेरित कवि भी हैं। फिर उन्होंने क्या देखा? प्रखर प्रतिभा, बौद्धिक चेतना, नई राहों के अन्वेषण या प्रयोग की उत्कटता, भाषा और काव्याभिव्यक्ति की ताजगी-शक्ति, विचारों के चयन की आत्मनिर्भरता और परम्परा तथा प्रवाह से भिन्न सर्जना का जीवट। इसीलिए सप्तकों में विविध विचार, शिल्प, कथ्य और वैचित्र्य है, उनमें अद्‌भुत तरह का खुलापन और उत्साह है, इतने रंग-स्पर्श हैं जिन्हें हम विचार की किसी बद्ध परिपाटी में, अभिव्यक्ति के किसी प्रारूप में, अनुभव की किसी प्रणाली में, कथ्य के किसी साँचे में बिठा नहीं सकते।

'प्रयोग' और 'सप्तक' शब्दों पर विचार करते हुए हमें काव्य के बाहर अन्य अनुशासनों की ओर जाना होगा और उस युग-चेतना पर दृष्टि डालनी होगी जो इनके भीतर सक्रिय है। विज्ञान के 'प्रयोग' को काव्य-प्रयोग में रूपान्तरित करते हुए देखें तो वह युग विज्ञान के नए चरण का युग था और 'प्रयोग' वैज्ञानिक अन्वेषण की प्रणाली है। अज्ञेय ने जब कहा कि काव्य एक प्रयोग है, तब लगता है कि वैज्ञानिक अन्वेषण उसकी अन्तर्ध्वनि था। काव्य-भाषा के निर्माण के बहुत से प्रयोगों में यह भी एक प्रयोग था, जो अपनी शब्दावली को किसी भी अनुशासन से ले सकता था। अगर और गहराई में जाएँ तो दार्शनिक और राजनीतिक शब्दावली की परिपाटी का यह अतिक्रमण था और संवेगों के स्थानान्तरण की परिचित प्रणाली का स्थानापन्न था, साथ ही कविता में बौद्धिकता, तटस्थता और स्वतन्त्रता का निवेश था। सप्तक में सात कवियों की श्रृंखला के पीछे इंद्रधनुष के सात रंग या संगीत के सात सुर सुस्पष्ट ध्वनित होते हैं जो दृश्य, श्रव्य जैसी ऐन्द्रिय अनुभूतियों से जुड़े हैं।

नए काव्य-प्रयास को प्रयोग कहने के पीछे अज्ञेय का इरादा किसी वाद की स्थापना का न था, न हो सकता था, क्योंकि यह प्रयोग की मूल प्रतिज्ञा के ही विरुद्ध था। पर काव्य-धारा को वाद में बाँटने के अभ्यासी आलोचकों और अध्यापकों ने सोचा होगा कि भला किसी वाद के बिना भी कविता का कोई संसार रचा जा सकता है!

तार-सत्पक के कवियों में अपने को भी शामिल करना क्या अज्ञेय का आत्म-प्रदर्शन या सम्पादन की सीमा से निकलने का कोई उद्यम है? मैं समझता हूँ कि उन्हें इसकी कोई जरूरत नहीं थी। अगर तार सप्तक में उनकी कविताओं को ध्यान से पढ़ा जाए तो वे भी उनके नव-काव्य विमर्श का एक भाग हैं। कथ्य, भाषा,

शिल्प, अनुभव सभी दृष्टियों से वे नयेपन को सूचित करती हैं और उस युग में काव्य-संघर्ष के आयामों को रेखांकित करती हैं। स्वातन्त्र्य, बुद्धि, अभिव्यक्ति की नवीनता, नई भाषा, गैररूमानियत आदि का आग्रह वहाँ भी है। भूमिका के साथ ये कविताएँ पुराने लक्षण और उदाहरण की नवार्थ में याद दिलाती हैं। यहाँ से चलकर अज्ञेय जीवनपर्यन्त नवीन प्रयोगों के साथ रहे, सर्जनात्मक गतिशीलता ने उन्हें विभिन्न पीढ़ियों के साथ रहने में मदद की। इस दृष्टि से मुझे विद्यानिवास मिश्र का यह कथन सटीक लगता है कि 'अज्ञेय का इतिहास नई कविता का इतिहास है।'

कविता में ही नहीं, कहानी, उपन्यास, निबन्ध, ललित निबन्ध, संस्मरण, नाटक, डायरी, यात्रा, साक्षात्कार, अनुवाद आदि में अज्ञेय ने अनेक मानक स्थापित किए, विशेषकर उपन्यास और कहानी में।

अज्ञेय अपने समय के सर्वश्रेष्ठ सम्पादक हैं। तार-सप्तक के सार्थक, सप्रयोजन और युगान्तरकारी सम्पादन के बाद उन्होंने 'प्रतीक'-'नया प्रतीक' जैसी साहित्यिक पत्रिका का सम्पादन किया, एक बिलकुल भिन्न स्वभाव का सम्पादन था—'दिनमान', जो हिन्दी का अद्वितीय साप्ताहिक था। हिन्दी का वैचारिक और मानसिक क्षितिज विस्तृत करने में, एक सन्तुलित, निष्पक्ष सामाजिक विश्व-दृष्टि विकसित करने में और अपने कलेवर में वैविध्य की दृष्टि से 'दिनमान' का कोई जोड़ नहीं। हिन्दी को अब भी ऐसी पत्रिका की जरूरत है। अज्ञेय ने दैनिक 'नवभारत टाइम्स' का भी सम्पादन किया। उसमें भी उनकी दृष्टि और संयोजन क्षमता का तेज देखा गया। इसके अलावा उन्होंने 'सैनिक', 'विशाल भारत', 'वाक्', 'एवरीमैन' का भी सम्पादन किया। मुझे खेद है कि उनका ऐसा मूल्यवान अवदान हिन्दी में धीरे-धीरे विस्मृत होता जा रहा है। वत्सल निधि जैसी संस्था का निर्माण और ऐतिहासिक-सांस्कृतिक-पौराणिक स्थानों की यात्रा का उनका आयोजन भी अपने किस्म का अद्वितीय काम था।

इस दृष्टि से अज्ञेय ने न केवल साहित्य-सृजन किया, उन्होंने युग का, पीढ़ियों का, संस्थाओं और ऐसे उपक्रमों का भी सृजन किया जो केवल नवीनता के नहीं, सार्थकता और सृजनात्मक के अनिवार्य आयाम थे।

'अज्ञेय एक व्यक्ति नहीं संस्था थे' यह उनके बारे में किसी मुहावरे का दोहराना भर नहीं है। उनका होना हिन्दी में साहित्य के एक भरे पूरे संसार का होना था। उनसे वैचारिक मतभेद हो सकता है, उनकी रचनाओं में कुहासा और अन्तर्विरोध देखा जा सकता है, उनके भीतर मध्यमवर्गीय मानसिकता का घटाटोप या ऐसी कमियाँ भी हो सकती हैं (और हैं) जिन पर विमर्श होते रहना चाहिए, क्योंकि वे ऐसे रचनाकार नहीं हैं, न ऐसे व्यक्तित्व; जिसे लाँघकर आप हिन्दी का कोई इतिहास बना सकते हैं।

गिरिजाकुमार माथुर : नए सिरे से सोच की जरूरत

गिरिजाकुमार माथुर हमारे समय के बहुत महत्त्वपूर्ण कवि हैं। उन्होंने कई दिशाओं में ऐसे मानक रचे हैं जो अगली पीढ़ियों को प्रेरणा और शक्ति देते हैं। वे गाँव में जन्मे, शहर में पढ़े, दिल्ली में भटके, कुछ समय पश्चिम में रहे और वापस आकर आकाशवाणी की नौकरी की सीढ़ियाँ चढ़ते हुए महानिदेशक बने। इस लम्बी और बहुपरिवेशीय यात्रा के किसी भी स्पर्श को वो न भूले। उनके कवि हृदय में आजीवन ग्राम्यता और शहरी आधुनिकता के बीच एक विचित्र रचनात्मक तनाव बना रहा। उनके थरथराते मन से होकर सर्वाधिक हलचल भरी आधी शती पूरी प्राणवत्ता से गुजरी। इसके स्थानीय और ब्रह्माण्डीय अक्स उनकी कविताओं में हैं।

नितान्त सूने बचपन से संघर्ष भरे युवाकाल और फिर प्रशासन की नौकरी के जंजाल जैसे तमाम भीड़ भरे जीवन को वे एक ज़िद की तरह साधते रहे। अपनी सर्जना में वे कोमलता और विद्रोह की जुड़वाँ बच्चों की माँ की तरह सार-सँभाल करते हैं साथ ही अपने लिए ऐसी नई राह खोजने की बेचैन कोशिश भी करते हैं जिसे पाए बिना एक सर्जक, भीड़ में खो जाता है और उसका होना कोई मानी नहीं रखता। माथुर जी अकसर समय की रूढ़ियों के विरोध में अपनी राह बनाते रहे। अपने सृजन-युग के अस्वीकार की भूमि पर वे जमकर खड़े हैं और स्वयं अपना समकाल रचते हैं। नतीजे में हर कट्टरता उनकी ओर सन्देह से देखते हुए भी उनका लोहा मानती रही।

चारों ओर ऐसा माहौल था जो एक स्वतन्त्र लेखक की सत्ता से इनकार करता था, एक खास संगठन, एक खास शब्दावली, एक खास विचारधारा के अहाते में लिखे बगैर मूल्यांकन नहीं हो सकता था। कुछ समय तक कवि इससे प्रभावित रहा फिर शिकंजे में उसका दम घुटने लगा। इसी दौर में नए-नए शगूफे लेकर विदेश से नए वादों का हुजूम आया जो कई युवा नौसिखुओं का कॉफ़ीघर बना।

एक साधक के गहरे स्वाधीन अन्वेषण और सृजन प्रज्ञा के मार्ग की ये रुकावटें हैं।

इन सबके प्रतिरोध के बावजूद अपने अस्तित्व को स्वीकार करवा सकना कितना कठिन और कष्टकर था। पर गिरिजाकुमार माथुर की आदत तूफानों से लड़ने की थी। उन्होंने अपनी राह चुनी। 'स्वाधीनता' उनकी अर्जित थी।

यह यात्रा कितनी लम्बी और दूभर थी!

...नितान्त पिछड़े, धूल-धूसरित गाँव में, ऊपर में नख़लिस्तान की तरह एक मद्धिम रोशनी का सँवरा हुआ घर था, जिसके बीचोबीच एक घुप्प अँधेरी कोठरी थी, जिसमें निरन्तर बीमार पड़ी माँ न बच्चे को लोरी सुना सकती थी, न किशोर और युवा को प्रबुद्ध होने के बावजूद अपना ज्ञान सम्प्रेषित कर सकती थीं, न प्रेरणा और जीवनार्थ दे सकती थी। गाँव की उस बियाबान दुनिया में सिर्फ अदृश्य ट्रेन की आवाज सन्नाटे को जब-तब चीरकर भीतर और बाहर का सुनसान और सघन करती थी :

जन्म के साथ सुनसान पहले मिला
जंगली फूल था ये विजन में खिला।

उस ज़माने के हिसाब से, पढ़े-लिखे परिवार ने बच्चे को अगली शिक्षा के लिए लखनऊ भेजा, तब उसने रेलगाड़ी पहली बार देखी। पढ़ाई में तेज़ था। अँग्रेज़ी में एम.ए. फिर एल.एल.बी. किया। बाद इसके सोचा कि रिश्ते के घर में रहकर झाँसी में वकालत करेगा। पर मशीनी तर्क-वितर्क और उससे ज्यादा झूठ-सच की दुनिया उसे शायद रास नहीं आई। झाँसी से निकल दिल्ली में आया। चकाचौंध के बावजूद दिल्ली बेमुरव्वत शहर है। बेरोजगार युवक को एक कविता गोष्ठी ने रेडियो से जोड़ा, जहाँ पाँच-पाँच रुपये में कार्यक्रम लिखे, फिर शायद कुछ नौकरीनुमा भी मिल गयी। अमेरिका में कोई नौकरी निकली तो आवेदन कर दिया। वहाँ नौकरी भी मिल गयी। इस तरह सुदूर विदेश से तार जुड़ा। कुछ साल बाद लौटना पड़ा। लौटा। फिर वही खानाबदोशी!

आखिरकार, आकाशवाणी नियति बनी। 'धरती' का यह जीव 'आकाश' में जम गया। खूब मेहनत और प्रतिभा के बल पर शीर्ष पर चढ़ा। उन दिनों महानिदेशक का पद सस्ता न था। पूरा समर्पण माँगता था। पूरी साहबी भी माँगता था। सच भी झेला, नाटक भी किया।

भीतर के सृजन-बीज अरसे से अँकुआ रहे थे। पर यहाँ दो दुनिया थीं—एक-दूसरे के विपरीत। चादर ओछी थी, सर ढको तो पैर खुल जाएँ, पैर ढको तो सिर खुल जाए। वैसे अफसरी में लोग सेंत-मेत में कवि का सम्मान पा जाते हैं, क्योंकि मातहतों को वाह-वाह के लिए कुछ तो चाहिए होता है : फिर दिल्ली को इसमें 'मास्टरी' हासिल है। साहबेआलम के 'शेर' के पहले शब्द का टुकड़ा पढ़ते ही ऐसी वाह-वाह करते हैं कि साहब गद्‌गद हो जाते हैं। माथुर जी ने यह रोग न पाला।

खूब भुने थे वे जीवन की भट्ठी में, बचपन का हाल आपने सुना, जवानी में इश्क में नाकामी मिली, जिसकी ओर समान दर्दी कैलाश वाजपेयी ने इशारा भी किया है क्योंकि वे भी तब लखनऊ में ही थे। इस पर बेरोजगारी की ठोकरें खाए हुए; विदेश की खबर हमको नहीं! पर वे इतने चोटिल थे कि... स्मृति भर से कराह उठते थे :

छाया मत छूना मन
होगा दुख दूना मन।

गिरिजा माथुर ने खूब पढ़ा और गुना था। ब्रजभाषा में कवित्त सवैये लिखने के साथ प्राचीन कवियों को पढ़ा था, छायावादी युग उनके यौवन का भी काल था—प्रसाद, निराला, पंत, महादेवी जैसे मानक कवि उनके सामने थे। पश्चिम के शेक्सपीयर, ब्राउनिंग, मिल्टन, रिल्के, कीट्स जैसे कवियों को आत्मसात किया था, मार्क्स पढ़ा था, सबके यत्किंचित प्रभाव आना स्वाभाविक है—पर सबसे अलग खड़े होने की बेचैनी उनमें सबसे ऊपर थी।

अज्ञेय ने 'तार सप्तक' में शामिल कर नए प्रयोगवादी कवियों में उन्हें मान्यता दी तो निश्चय ही यह जानने की उत्सुकता स्वाभाविक है कि उनकी नई राह कौन-सी थी? ठीक है कि उनके पहले काव्य-संग्रह की भूमिका लिखते हुए निराला ने कल्पना की नवीनता, चित्रमयता, छन्द सौष्ठव आदि की खूब प्रशंसा की थी, सौन्दर्य और प्रेम की भीतरी लय उनका स्वभाव था; परन्तु यह सब नई राह नहीं थी। इसका मतलब यह है कि गिरिजाकुमार जी कुछ और खोज रहे थे।

1955 के आसपास उनके काव्य में तीसरा मोड़ आया, इसी समय नागार्जुन ने नए कवि 'नवल' को पत्र में लिखा था—''नए कवियों में गिरिजाकुमार माथुर के संकलन अवश्य देखते रहना। मैं उन्हें ही मूर्धन्य मानता हूँ, आधुनिक काव्यकारों में टेकनीक की दृष्टि से।''

यह टेकनीक क्या और कैसी है, इसका अभी गहरा अध्ययन हुआ नहीं है। इस पर आगे थोड़ी-सी चर्चा करेंगे, परन्तु क्या टेकनीक ही नई राह का अन्वेषण है? क्या कवि के वस्तुजगत में नवीनता के बिना यह नयापन पूरा होता है? सम्भव है 'नाश और निर्माण' की प्रगतिवादी कविताओं के बावजूद नागार्जुन उस रूप में गिरिजाकुमार माथुर को स्वीकार नहीं कर पाए थे, जबकि प्रगतिवादी धारा को कला-सौन्दर्य की सबसे ज्यादा ज़रूरत थी। रामविलास शर्मा ने उन पर मुकम्मल लेख लिखा था, क्योंकि उनकी कुछ कविताओं में लाल निशान, रूस, गरीब, सर्वहारा, पूँजीवादी वगैरह मार्क्सवादियों के पारिभाषित शब्द पूरी ताकत के साथ आए थे। उनकी प्रशंसा होने पर भी मुझे लगता है कि ऐसी कविताएँ ज्यादातर सपाट थीं और प्रभाव भी नहीं डालती थीं। खैर यदि गिरिजाकुमार माथुर की 'टेकनीक' के सन्दर्भ में इन कविताओं को देखा जाता है तो उनके मूल्यांकन और प्रगतिवादी धारा

दोनों को लाभ होता।

फिर भी यह प्रश्न अपनी जगह है कि कवि के भीतर नवीनता की जो अनथक प्यास थी उसका क्या रूप था? छन्द में तो हम देख सकते हैं कि उन्होंने 'नाद' की बहुत गहरी और शास्त्रीय स्थापनाएँ की हैं। मैंने अपनी पुस्तक 'रचना एक यातना है' में उसका थोड़ा-सा विश्लेषण भी किया है, और अपनी थोड़ी असहमति भी दिखाई हैं। परन्तु उस जमाने में जबकि छन्द कवि-सृष्टि से लगभग उठ चुका था, माथुर जी ने उसे जो सत्ता दी वह निश्चय ही हवा के ख़िलाफ़ थी। फिर भी नई धारा के छन्द को नाद-लय की कितनी ज़रूरत थी यह इसी बात से प्रकट होता है कि अज्ञेय ने 'वत्सल निधि' का एक शिविर सिर्फ इस विषय पर आयोजित किया था, जिसमें छन्द पर मैंने भी एक लम्बा लेख पढ़ा था। बाद में उन्होंने इस पर पुस्तक भी सम्पादित की थी। माथुर जी ने विपरीत वातावरण में भी छन्द का दामन नहीं छोड़ा और यह हर कोई पारखी व्यक्ति मानता है कि इधर गिरिजाकुमार माथुर से बेहतर छन्द की पकड़ और अभिव्यक्ति की पुष्टता अन्य किसी कवि में नहीं थी; और उन्होंने उत्तम गीत लिखे।

दूसरी बात यह है कि माथुर जी के रचनाकाल में कई-कई वाद आए, और समकालीन कविता में धीरे-धीरे ग्राम्यता भी लुप्त हुई और काव्य-संसार में भाषा और अनुभव के स्तर पर बदलाव आया। बदलाव तो माथुर जी में भी देखे गये, परन्तु महत्त्वपूर्ण यह है कि ग्राम्यता उनके काव्य में अक्षुण्ण रही। इसके अलावा वे अपने भीतरी रसायन से सारे देशी विदेशी विचारों को एक नई अर्थवत्ता देते रहे। जिस मार्क्सवाद का उल्लेख रामविलास जी ने किया है, वह भी उनमें बीच में आया था। पर वह ज्यादा नहीं टिका। क्योंकि भारतीय, कवि में अन्त:रचित संवेदना को अलग से उसकी जरूरत नहीं है और न किसी फार्मूलाई भाषा की, क्योंकि ऐसी भाषा ने अकसर संवेदना का प्रमाण न देकर एक शुष्क भाषा वितान का ही प्रमाण दिया है। वह नारों के लिए अच्छी भाषा है।

माथुर जी के बारे में एक विचित्र तरह की रूमानी, सुकोमलता की धारणा है, जो शायद उन्हें बिना पढ़े, समझे बना ली गयी है। यह ठीक है कि यह सब उनमें है पर यही सब नहीं है। अभी उनके काव्य में निहित वेदना और उदासी का विश्लेषण नहीं हुआ है, जो एक विशिष्ट जीवन-बोध से उत्पन्न काव्य-बोध है।

अन्त में मैं 'पृथ्वी कल्प' का उल्लेख करना चाहता हूँ जो सिर्फ काव्य नहीं है 'काव्य-दृष्टि' है, जो उनके भीतर चालीस वर्षों तक पक रही थी। पर मुझे लगता है कि वे उसे और पकाना चाहते थे, वरना जीवन काल में उसे प्रकाशित कराना उनके लिए कठिन नहीं था। अपने उपलब्ध रूप में वह उनके निधन के बाद प्रकाशित हुआ। सच्चे सृजन का यही स्वभाव है। भवानीप्रसाद मिश्र ने लिखा है न!

—लिखना भी ऐसा है, जैसे
बादल बरसे मन सूखा रह जाए...

इस काव्य का अभी मूल्यांकन हुआ ही नहीं है। न उनके काव्य जगत में उसे गूँथकर देखा गया है।

यह उनका एक क्रान्तदर्शी वैज्ञानिक-दार्शनिक काव्य है। इसे कहीं-कहीं काव्य-नाटक भी कहा गया है। जो यह नहीं है। एक ऐसा काव्य है जिसके दो छोर हैं एक अन्तरिक्ष विज्ञान से जुड़ा है, दूसरा दर्शन से। कहना न होगा कि भारत में सदैव अन्तरिक्ष वैज्ञानिक दर्शन सम्पृक्त रही है। यह रूपक काव्य है और स्वभावत: इसकी भाषा जटिल है। पात्रों के अभाव में रूपक काव्य प्राय: जटिल हो जाता है। इसमें कवि ने स्वनिर्मित शब्दावली का उपयोग भी किया है। ऐसी स्थिति में इस काव्य को खोलना मेधा के लिए भी कठिन है।

सृष्टि के उद्‌भव से विनाश की तह तक पहुँचने का रूपक यहाँ है जिसमें युद्ध और भाँति-भाँति के अमानवीय निरूपण हैं। एक उदाहरण से प्रतीत होगा कि यह माथुर जी की उस प्यास की पराकाष्ठा है जो निरन्तर नवीनता की खोज करती रही है। यह अंश धरती की महारात्रि अर्थात् महाविभिषिका है। इसे पढ़ते हुए आप उस पीड़ा का अनुभव भी करेंगे जो आवेश, आक्रोश, वेदना, जिज्ञासा और गति से संश्लिष्ट है :

> मानव ने अपने अस्त्र-शस्त्र गढ़ डाले। अणु अस्त्रों का जखीरा जमा कर लिया। युद्धों की राजनीति से असंख्य मानवों का संहार प्रगति और विकास को लेकर आया। सृष्टि के आरम्भ में आहार और मैथुन, स्पन्दन और शवन का दौर चला, फिर एक बदसूरत काला तान्त्रिक, ज़ालिम खलनायक सुकुमारों को मारता-खाता रहा। यह अपार संघर्ष-कथा है, अन्तहीन। जीवन धीरे-धीरे ईंटों का एक दहकता भट्टा बन गया, जिसे इतिहास नाम दिया गया। ऐयाश जोंक शासकों ने 'प्रेम' की हर बार हत्या की—
>
> *'वो जो जीना चाहते थे*
> *प्यारी थीं जिन्हें जिन्दा रहने की ममताएँ*
> *विवश किए गये हत्या के लिए*
> *हर बार*
> *हर व्यवस्था में*
> *कहाँ है ईश्वर*
> *कहाँ है धर्म, अध्यात्म आदर्शों के फलसफे*
> *कहाँ हैं इन्सानियत के ठेकेदार*
> *वे सन्त महापुरुष, अवतार*

कहाँ हैं राजनीतिक ढिंढोरची
सामाजिक न्याय के किताबी मनीषी
कहाँ हैं वे त्यागी
बुद्ध ईसा और गाँधी
सब देवता झूठे लगते हैं।
यह दुनिया है अब तक जन्मान्ध राक्षसों की।'

यह व्यापक अनास्था की नहीं, व्यापक सर्वांगीण परिवर्तन की कवि-कामना है, जिसमें कोई मतवाद नहीं, एक व्यापक मानव-भाव 'कल्याण' है।

ऐसे विचारों की रोशनी में गिरिजाकुमार माथुर का अध्ययन होना बाकी है।

नागार्जुन : समग्रता का मूल्यांकन

हिन्दी में जन-कविता की भी एक परम्परा है जिसके नागार्जुन भी एक कवि हैं। उस परम्परा को न केवल विस्मृत किया गया है, बल्कि नागार्जुन में भी उस पक्ष को प्राय: अवरेखित नहीं किया जाता (जबकि हिन्दी मूलत: जन-भाषा है)। जन-कविता-परम्परा का विस्मरण जन-भाषा के पक्ष में नहीं जाता। नागार्जुन की जन्मशती के सन्दर्भ में यह कहना जरूरी है कि गोपाल सिंह नेपाली जनकवि थे, भले ही वे उतने बड़े कवि न हों पर इस दृष्टि से उन्हें भी याद किया जाना था। विश्वास है कि कभी-न-कभी ये रचनाकार भी उभरकर आएँगे और उनके साहित्यिक-बौद्धिक अवदान का मूल्यांकन होगा।

इस जरूरी अवान्तर के बाद, हम अपने मूल कथ्य की ओर लौटते हैं। शिविर बद्धता के कारण यह देखने को मिला है कि लोगों ने या संस्थाओं ने रेखांकित चार कवियों को भी बाँट लिया है कहीं किसी की शती मनी तो कहीं किसी की। यह व्यक्तियों या संस्थाओं के गुणात्मक चयन के कारण नहीं हुआ। इसके पीछे विचारधाराएँ, पूर्वग्रह और व्यक्तिगत पसन्द-नापसन्द (यानी व्यक्तिगत अहंकार) सक्रिय है। यानी जिन्हें हम मानें तो वे महत्त्वपूर्ण और बड़े कवि हैं। जबकि ये चारों कवि अपनी-अपनी विशेषता के कारण भाषा के अनिवार्य रचनाकार हैं। इनमें महत्त्व की दृष्टि से स्तरीकरण सम्भव था, पर उन्हें अपनी-अपनी शताब्दी सूची में से खारिज करना क्या उचित कहा जाएगा? कई धाराएँ मिलकर ही महानदी बनती। भाषा के बारे में भी इस तथ्य को ध्यान में रखना होगा। इतना ही नहीं, जिन कवियों पर विभिन्न शिविरों में चर्चा हुई थी, उनमें भी उन्हीं पक्षों को उभारा गया जो शिविर के दायरे में समझे गये। उदाहरण के लिए, शमशेर के प्रेम-सौन्दर्य को कहीं केन्द्र में रखा गया तो कहीं हाशिए पर भी नहीं। अज्ञेय के प्रगतिशील तत्त्वों और उनके क्रान्तिकारी मानवतावाद को विस्मृत कर दिया गया और उनके सन्दर्भ में व्यक्तिवाद को व्यक्ति-स्वातन्त्र्य से अलग करने की जहमत नहीं उठाई गयी। यह उल्लेखनीय है कि हिन्दी का कोई भी बड़ा कवि पाश्चात्य अर्थ में व्यक्तिवादी नहीं है। वैसे भी

बिना सामाजिक मानवीय संवेद के क्या कवि-कर्म सार्थक हो सकता है?

इन चारों रचनाकारों की एक सामान्य विशेषता है—प्रगीतात्मकता, इसे सिरे से भुला दिया गया क्योंकि वह अब फैशन में नहीं है। कवि के वस्तुगत मूल्यांकन के लिए हम यह भी नहीं भूल सकते कि वह किस समय में सृजनरत था। फिर क्या हम कवि का समग्र मूल्यांकन करते हैं या किसी एक पक्ष का? कवियों के गद्य की ओर से भी प्रायः आँख मूँद ली गयी। अज्ञेय के उपन्यास, कहानी, निबन्ध, संस्मरण, यात्रा; नागार्जुन के उपन्यास और अन्य गद्य साहित्य; केदारनाथ अग्रवाल के पत्र और साक्षात्कार; शमशेर के संस्मरण, आलोचना, डायरी का नोटिस नहीं लिया गया या बहुत कम लिया गया। शताब्दी के अवसर पर तो कम-से-कम समग्र मूल्यांकन होना चाहिए था। अवसर खो देने के अभ्यस्त हम लोगों ने प्रायः इस व्यापक-बहुविध शती-वर्ष को पूर्वग्रह, संकीर्णता और आलंकारिकता में खो दिया। अपवाद यहाँ भी हैं, परन्तु बात सामान्य सन्दर्भ में कही गयी है।

नागार्जुन की मूल्यांकन-गोष्ठियों का जायजा लेने पर लगा कि प्रायः उनकी प्रगतिशीलता और फक्कड़पन पर ही वक्ताओं का ध्यान है। लेखों में और पत्रिकाओं के विशेषांकों में हालाँकि व्यापकता दिखाई पड़ती है, परन्तु उनमें भी उनकी स्वतन्त्र प्रगतिशीलता पर कम गौर किया गया।

नागार्जुन श्रीलंका और पूरे भारत में घूमे थे और पहाड़ी बीहड़ प्रदेशों में भी। इसके अलावा वे साहित्य, काव्य और विचार परम्परा के विद्वान थे। उन्हें पालि, अर्धमागधी, अपभ्रंश, सिंहली, तिब्बती, मराठी, गुजराती, पंजाबी, सिन्धी, अँग्रेजी आदि भाषाओं का ज्ञान था। हिन्दी के साथ ही संस्कृत और मैथिली में भी उन्होंने काव्य रचना की थी। इनका भी विशिष्ट महत्त्व है। क्या इतनी यात्राओं और भाषाओं के अभिज्ञान ने उनकी रचना-भाषा को वैविध्य न दिया होगा? उनकी सोच को प्रभावित न किया होगा? क्या नागार्जुन के साहित्य पर विचार करते हुए क्या इस पक्ष को अन्वेषित नहीं करना चाहिए? नागार्जुन को मैंने किसी समय 'दूसरा कबीर' कहा था, तब मेरे ध्यान में यह बात नहीं थी, पर आज मुझे लगता है कि कबीर का अर्थ दार्शनिक परम्पराओं और भाषा-सम्मिश्रों का एक बड़ा कवि भी है; और नागार्जुन इस अर्थ में भी कबीर हैं कि वे भी भाषा और विचार-सम्मिश्रों के कवि हैं। यह अलग बात है कि कबीर के भाषा-मिश्रण और नागार्जुन के भाषा-संयोजन में अन्तर है, इनमें कबीर जैसा मुक्त, जिसे प्रायः अस्त-व्यस्त और ऊबड़खाबड़ भाषा रूप कहा जाता है, नहीं है—नागार्जुन में संयोजन-कौशल है। लोक से नागार्जुन के संवाद को भी उनकी मैथिली और हिन्दी कविताओं के परस्पर सम्बन्ध में देखना होगा। संस्कृत कविताओं में संस्कृत की परम्परा में भी नागार्जुन की पहचान की जानी चाहिए कि उन्होंने उसमें क्या जोड़ा। क्योंकि संस्कृत, पालि, अर्धमागधी और

अपभ्रंश से होते हुए हिन्दी तक की उनकी यात्रा का विस्मरण उनके प्रति न्याय नहीं होगा। उनके काव्य में निहित प्रकृति और मानव सौन्दर्य का अध्ययन भी होना चाहिए।

नागार्जुन कवि ही नहीं, एक कुशल गद्य शिल्पी भी थे। उन्होंने 'बलचनमा' जैसा हिन्दी का पहला आंचलिक उपन्यास लिखा है। उनके गद्य में ग्रामीण व्यवहृत भाषा का जैसा स्वाभाविक रूप दिख पड़ता है, ग्रामांचल का जैसा सूक्ष्म और विस्तृत ब्योरा है, वैसा प्राय: दुर्लभ होता है। प्रेमचन्द के अकेले बिसूरते नायक की जगह नागार्जुन में एक ऐसे नायक का उदय होता है जो संघर्ष के लिए संगठन बनाता है। इसका अध्ययन भी किया जाना चाहिए। उन्होंने नायक को अकेले से संगठन-शक्ति सम्पन्न बनाया यह उनकी उपलब्धि है। नागार्जुन की रचनाओं में प्रगति का स्वर सबसे प्रबल है, पर जैसा कहा गया है कि उनकी प्रगतिशीलता रूढ़ नहीं थी। चीन के आक्रमण के समय जब प्रगतिशील कवियों की घिग्घी बँध गयी थी, नागार्जुन ने साम्यवादी पार्टी की सदस्यता से त्यागपत्र दे दिया था। प्रगतिशील लेखक और विचारक गाँधी को कितना गलियाते थे! वे उनके लिए प्रतिपक्षी विचार के प्रतीक थे, पर नागार्जुन ने गाँधी की हत्या पर अत्यन्त हृदयविदारक कविता लिखी और उन्हें 'पिता' कहकर सम्बोधित किया। इस कविता में उन्होंने जो कह दिया वह गाँधी पर उनकी हार्दिक टिप्पणी है। आपातकाल में नागार्जुन ही थे जो जेल में बन्द किए गये थे। तात्पर्य यह कि नागार्जुन की प्रगतिशीलता एक खूँटे से बँधी नहीं थी, वे जनता की लहरों पर उठती-गिरती थी। इससे उनके व्यंग्य में आई सामयिकता कई सम्भ्रान्तों को रास नहीं आई और वे उनके आधार पर नागार्जुन का अवमूल्यन और अपमूल्यन करते रहे, जबकि नागार्जुन लौकिक ही नहीं क्लासिक कवि भी हैं। उनके काव्य में असाधारण गहराई और वैविध्य है। कोई कवि एक ही प्रकार और प्रवृत्ति का हो सकता है, इस रूढ़ि को नागार्जुन खंडित करते हैं। यदि नागार्जुन की अनेक राजनीतिक और सामयिक रचनाओं को ठीक से पढ़ा जाए तो वे प्रगति के सिद्धान्तों को नहीं, उसके लोक-स्वभाव को प्रतिबिम्बित करती हैं।

जगदीश चतुर्वेदी : अकवि के इनकार

रघुवंश का अन्त जैसे अग्निवर्ण की झरोखे से लटकी विलासी और बेहूदा टाँग से लिखा गया था, जैसे ही नई कविता के अन्त का आलेख अकविता की कापालिक भाषा में लिखा गया, आदर्श और यथास्थिति का खात्मा शायद ऐसे ही अतिवादों के हाथों बदा होता हो, अगर नई कविता की आवृत्तियों, रूढ़ियों और रूमानी ऐश्वर्य का वास्ता ऐसी नंगधड़ंग आक्रामकता से न पड़ता तो तत्त्व सामाजिक यथार्थ की कविता इतनी जल्दी जन्म नहीं ले पाती इसलिए इस उफान का ऐतिहासिक महत्त्व है—क्या यह विचित्र और शायद विसंगत नहीं है कि इतिहास-भंजन का घमंड करने वाली इस कविता को ही नए इतिहास का कारण कहा जा रहा है, लेकिन यह तथ्य है कि अकसर अतीत का निषेध करने वालों ने ही इतिहास को मोड़ने या नया रचने की उत्तेजना दी है—जैसी किसी जमाने में चार्वाकों ने दी थी। इसमें शक नहीं है कि अकविता एक तिधारी तलवार थी जिसने न सिर्फ नई कविता को काटा, बल्कि एक रूढ़ि और जमाव के साथ कविता की विवेकसम्मत चेतना को भी काटा और अन्धे ध्वंस के हाथों स्वयं भी छिन्नमस्ता हुई।

अकविता की 'गैर' (होली का हुड़दंगी जुलूस) का निशान जगदीश चतुर्वेदी के हाथ में था, अपने वक्त के लगभग तमाम झुराले कवियों को उन्होंने इस झंडे के पीछे परेडबद्ध किया। सर्जनात्मक स्तर पर प्रायः भंजक कवि, 'प्रारम्भ और निषेध' जैसा संयोजन कर सका यह भी अपने आपमें एक अजब बात थी। उसने कविता के भ्रूण को इतनी जीवन-शक्ति दी कि कुकरमुत्ता की तरह उसे पचीसों छत्र और ध्वज उसी में तिरोहित हो गये, इसलिए अब नई कविता और युवा कविता के बीच कोई नाम बचा है तो वह 'अकविता' ही है, जगदीश चतुर्वेदी जी ने तिरपन संग्रह निकाले थे। 'नकैन' के बाद विषमताओं के सबसे दुस्साहसिक पिटारे थे। वहाँ एक ओर राजकमल चौधरी और सौमित्र मोहन जमे थे तो दूसरी ओर राजीव सक्सेना और विष्णुचन्द्र शर्मा। कोई ढाई दर्जन छोटे-मोटे कवियों की टोली के (जिनमें बहुत से तो कवि भी नहीं थे) कुछ कवि जब बाद में प्रकृतिस्थ हुए तो उन्होंने युवा कविता

की रचना में समझदार हिस्सेदारी की। इससे एक बात और उभरती है कि जिन कवियों में विवेक और समझदारी के जीवाणु थे, वे भी तब सामूहिक अन्वेषण के शिकार थे। यानी यह अन्धापन तत्कालीन विस्फोट के सामान्यीकरण की जमीन था। इसलिए इस कविता का कोई नोटिस न लेना या इसकी विक्षिप्तता के कारणों में न जाना ऐसी कलावादी और बूर्ज्वा मनोवृत्ति है जो समय और कविता को दो अलग-अलग बिन्दुओं पर रखती है। यह दूसरी बात है कि हम कारणों की खोज करते हुए कवियों की प्रतिक्रिया और प्रमेयों के बारे में असहमत हों।

सवाल यह है कि ऐसी सीमित, क्रुद्ध, अन्धी और नंगी अभिव्यक्ति की जरूरत इतने कवियों को एक साथ, इतनी शिद्दत से क्यों महसूस हुई? इतिहास के इस दौर का अगर हम जायजा लें तो पता चलता है कि सदियों से पदाक्रान्त, भारतीय मनुष्य ने जब आजादी (भले ही खंडित) में साँस ली तो उसके भीतर एक खुशनुमा भविष्य की आशा जगी थी, लेकिन हुआ यह कि उसे अपने ही लोगों द्वारा आश्वासन और तामझाम के नीचे धोखा दिया जाता रहा उसके सपने आगे खिसकाए जाते रहे और उसका वर्तमान पहले से अधिक अभिशप्त, असुरक्षित, संत्रस्त और अभावग्रस्त हो गया। जनता के वैध आन्दोलन दबाए गये। उसके मुँह पर कभी आजादी, कभी मर्यादा के नाम पर ताले जड़े गये—और कुछ साँड़ लगातार खेती चरते रहे—इन छलों की चरम परिणति 1962 के युद्ध और पराजय में हुई, उस मनुष्य की हालत का अन्दाजा लगाइए जिसको बलिदानों से अर्जित उपलब्धि स्वयं उसकी बनाई हुई व्यवस्था द्वारा धोखे से निरर्थक कर दी जाए और किसी क्षण वह उसका घनीभूत साक्षात्कार करे। असफलता और शत्रु द्वारा दी गयी यातनाओं को तो सहा जा सकता है, लेकिन स्वजनों द्वारा किए गये छलों से मूर्ख बनने का एहसास विचित्र आत्मग्लानि, आत्मविघटन, विद्रोह और निस्साहयता में अपने बाल नोंचने और कपड़े उतारने को मजबूर कर देता है। क्या इस थोपे गये विद्रोह और पागलपन को आप सपाट तरीके से अन्धापन कह देंगे? क्या कुत्सित कहकर उससे नफरत करेंगे? हालाँकि यहाँ कवि के विवेक और सृजनात्मक चेतना की परीक्षा भी होती है क्योंकि सामान्य होने के बावजूद उसमें हम रचना की उम्मीद करते हैं। (क्या आज हम और भी गहरे नरक में नहीं उतर गये हैं, देखा जाए तो इस हिसाब से यह वक्त 'अकविता' का होना चाहिए।' बहरहाल अब देखें तत्कालीन साहित्यिक परिदृश्य? वह चिराया हुआ था—रेत जल की तृष्णा में सम्मोहित-सा अकारण गतिशील निराशा, कुंठा, विद्रोह और परिवर्तन की वह उत्कटता जिसने नई कविता को जन्म दिया था, अब लगभग निष्प्राण हो चुकी थी। उसमें बासीपन और अपुंसता आ गयी थी। आलोचना की सारी प्रखरता और तेज भी अकादमिक अध्यवसाय की कछुआ खोल में समा गया था, उसका एकमात्र कर्म नई कविता की ताजपोशी था। कथन

और कथ्य की नवीनता के प्रति उनमें एक ऐसा ठहरा हुआ मोह जागा था, जो उसकी समझ में नव-काव्य विवेचन में आलोचना की गतिशील भूमिका थी।

समाज, देश और साहित्य के इस परिसर में अकविता की पड़ताल हमें शायद उस अनिवार्य निराशा, क्षोभ, घमंड और कायर आत्मघृणा को अलग ढंग से देखने पर विवश करती है—यानी अकविता के व्यक्तित्व की ओर। एक हद तक इसमें हम तत्कालीन मनुष्य की बीमार उत्तेजना दर्ज पाते हैं। भले ही वह नासमझी, गैरजिम्मेदारी आर घटियापन में सर से पैर तक डूबी हो, लेकिन युद्ध के चापलूसी भरे प्रलापों, खोखली चुनौतियों अथवा आत्मतुष्ट रोमानी नक्काशियों या आध्यात्मिक ऊर्ध्वगमन अथवा एकान्तिक आभासों से छनकर आने वाली कविताओं से फिर भी वह निष्करण आक्रमण से नहीं सर्जक चेतना को हड़बड़ाया और रचनात्मक जिम्मेदारी की तत्काल जरूरत महसूस कराई। भले कविता उल्कापात की तरह क्षण भर चमक कर लुप्त हो गयी हो, लेकिन उसकी इस अचीन्ही भूमिका से इनकार नहीं किया जा सकता।

इस कविता ने भले ही 'बड़ी बेदर्दी से अतीत को काटना' चाहा हो (फर्ज कीजिए कि काट ही दिया हो) तब भी यह विदेशों में पनपी 'बीटनीको' और 'एंग्रीयंगमैनों' की कविता-हरकतों के नाभिनाल से जुड़ी थी। बेचारी ने एक हाथ कहीं से छुड़ाया तो दूसरा हाथ कहीं फँस गया। दूसरी ओर इतिहास को इनकार करते हुए उसने इतिहास के परे आदिम युग से अपने को जकड़ लिया। प्रगतिशील प्रतिबद्धता से अपने को काटकर बर्बर प्रतिक्रियावाद से नत्थी हो गयी। यानी वह मुक्ति के भ्रम में उच्छृंखलता, स्वैराचार और निषेध से आबद्ध हो गयी।

जगदीश चतुर्वेदी की कविता पर बात करने के लिए इन सब पहलुओं से गुजरना इसलिए भी जरूरी है कि वह कवि अकविता के विषय यज्ञ का अध्वर्यु था। आगे भी उसके बारे में जो बातें कही जाएँगी, वे कमोबेश अकविता पर भी लागू होंगी।

विद्रोह का उद्देश्य जब कवि के सामने स्पष्ट नहीं होता और असम्भव, सर्वग्रासी निषेध उसमें फुँफकार रहा होता है तो उसके भीतर कायरता, अकेलापन, तीव्र घृणा और गहरी निराशा का साम्राज्य जमना लगभग तय है। त्रासदी वहाँ होती है जहाँ वह उसे विद्रोह, आक्रोश जैसे शब्दों से खंडित कर स्वयं को मुगालता देता है :

तमाम यात्राओं को दुर्घटना में बदल देना चाहता हूँ। मैं प्रेम करते युग्मों को आग के जलते कंटूरों पर बिठा कर/मांस गन्ध को चिरियाते हुए देखना चाहता हूँ/मुझे प्रेतों, जल्लादों की एक पल्टन चाहिए/मुझे लिजलिजी औरतें नहीं, तातार पल्टन में घूमती/जल्लाद आँखें चाहिए.../मैं उस (बूढ़े सर्प) की खोह में रहना चाहता हूँ/और

बांबी के भूतहे एकान्त से जहर बटोर कर/तमाम देश के निवीर्य प्रकम्पन में हलचल चाहता हूँ/मुझे पता नहीं मैं क्या चाहता हूँ? (*मुक्ति*)

क्या यह सब असम्भव और पागल चाहों का बवंडर नहीं है? क्योंकि ऐसी हालत में निष्करुण दिग्मूढ़ता, चरित्रहीनता हवाओं की तरह, अपना नहीं सिर्फ मौसम का पता देती है, ऐसे मौसम का जो सुकुमार कली और ऊदबिलाव में कोई फ़र्क़ नहीं करता, यात्रियों में सिर्फ उचक्के, जैबकट और आवारा साँड ही नहीं होते, कुछ शरीफ लोग भी होते हैं, ट्रेन की दुर्घटना और 'कवि की चाही दुर्घटना' में अगर एक सी यान्त्रिक अमानवीयता हो तो कवि के विवेक और विश्लेषण-शक्ति पर या कविता पर ही प्रश्नचिह्न लग जाता है। अपनी भड़ास में तमाम प्रेम करने वालों को जलते कंटूरों पर अकारण क्यों बिठाया जा रहा है? यह तर्क से परे है। ऐसी कविताएँ बड़ी विद्रोही और क्रान्तिकारी लगती हैं। लेकिन वास्तव में भुतही खोह में वे अकेली ठहर जाने वाली हैं। 'तमाम लोगों के सामूहिक निधन' का इन्तजार करते हुए कोई कवि क्या चाहता होगा? जगदीश ने 'इतिहास हन्ता' के 'आत्मकथ्य' में 'अनुभवों' या तटस्थ निर्ममताओं से अपने कवि के गुजरने की बात कही है। जबकि 'तटस्थता' ही है उसकी कविता से गायब है। वह एक बुखार की उत्तेजना में सन्निपात से गुजरी है, तब भी वह 'तटस्थता' के प्रति आश्वस्त है और मोहभंग के दावे करती है :

अपना गला काटने के लिए मैंने हंसिया उठाकर हवा में हिलाया/ शहर को नया नाम देने के लिए मैंने कबूतरों को छज्जे पर/ से भगा दिया/ और पाली गयी बिल्ली का गला दबाकर/ पालने में सोये बच्चे के पास लिटा दिया/...हड़बड़ी की हालत में मैंने अपने हाथ सींखचों से जकड़ लिया—

जगदीश का कहना है कि किसी दबाव या चाटुकारिता अथवा प्रतिबद्धता के जरिए लिखी गयी रचना का प्रभाव कुछ विशेष प्रकार के लोगों या वर्ग या राजनीतिक गुटपरस्तों द्वारा विशिष्ट मान का प्रचारित भले कर दिया जाए उसका स्थायी प्रभाव अंशतः गौण ही रहता है। मतलब हुआ कि इस 'इतिहास हन्ता' को भी कविता के 'स्थायी प्रभाव' की चिता है—यानी कविता के संभावित इतिहास की! वह दबाव, चाटुकारिता और प्रतिबद्धता को एक स्तर पर रखता है—जैसे वह 'ट्रामों, इक्कों और औरतों के बीच फ़र्क़ नहीं करता, अगर कविता 'धीर' (या अधीर) वैयक्तिक प्रक्रिया है तो क्या जरूरी है कि वह 'निषेध की अनिवार्यता' को सहज माने? सर्वहन्ता इनकार, से 'प्रतिबद्ध' होना शोषित मनुष्य से प्रतिबद्ध होने से किस अर्थ में बेहतर है? अगर आप किसी स्थिति को (वहाँ निषेध की) अपने लिए अनिवार्य मानते हैं तो एक और सूत्र है—'मुझे अपने को किसी भारतीय परम्परा से जोड़ना अपराध लगता है।' कवि देशकाल के बन्धनों से कविता को जोड़ना

मूर्खतापूर्ण, अविवेक से भरा बुजुर्गी अन्दाज समझता है। फिर भी उसका एक पैरोकार कहता है कि यह कविता 'आज के युग की सार्थक और सही पहचान है—कवि ही जब 'देशकाल' से जुड़ना नहीं चाहता तो उसे और उसकी रचना का जबरन आज के युग की सार्थक पहचान का खिताब आप क्यों देते हैं? भारतीय परम्परा से जुड़ने से जिस बुजुर्गियत और अपराध बोध को महसूस किया जा रहा है, वही बुजुर्गियत और 'अपराध बोध' शायद पश्चिमी संत्रास, असहायता आदि जगदीश की कविता की पीर-पीर में समाए हैं, जिन्हें वह 'बीटनिकों' और 'एंग्री यंग मैनों' की शब्दावली में पेश करता है? दूसरी ओर—जैसा हो जाता है। यानी मनुष्य द्वारा रचित संस्कारों की बजाय वह आदिम बर्बरता को स्वीकार करता है। ऐसी विसंगतियाँ जाहिर है कहीं से जाएँगी और अन्ततः व्यक्ति अपने अहम् की एकान्त खोल में लौट आएगा।

"आज न मेरा कोई नाम है, न कोई आदर्श, मात्र घोघे की तरह अपनी खोल में बन्द मैं कराह रहा हूँ।" *(प्रतिवृति)*

फिर भी मूर्ति भंजन का लिबास देखिए :

हिन्दुस्तान तुम कायर की औलाद हो
हिन्दुस्तान तुम कपटी की सन्तान हो जिसने हमेशा
विभीषण और जयचन्द पैदा किये हैं।

(अपने देश के लिए)

इसके चलते जगदीश की कविता से विश्लेषण और विवेक काफूर हो गया और ऐसी अमानुषिक हिंसक, प्रवृत्ति पैदा हुई जिसके आक्रमण का केन्द्र स्त्री थी, व्यवस्था के ध्वंस के लिए नारी और सेक्स-व्यापारों के प्रतीक खड़े करना बाजारू 'फूहड़पन' और घटिया मानसिकता है। जिसे कहने के लिए स्लेंग्स का अभ्यस्त होना काफी होता है कवि होने की जरूरत नहीं होती। उत्तेजित अभिव्यक्ति की एक परत उतारते ही पता चल जाता है कि सेक्स विद्रूपण और विद्रोह उसकी कविता बास्केट बॉल खेल रहे हैं। दो उदाहरण लेंगे—

(1) मुर्दा ओंठों तथा सूखे तनों से हिलते स्तनों की/परछाईं रास्ता रोक लेती है/मैं एक खाई के जल में पत्थर फेंककर आँखें मूँद लेता हूँ/और घुटनों के पास से/मेरी पेंट चर्र के साथ फट जाती है/मुझे तुम्हारी और तुम्हारे देह समर्पण की गन्दी स्मृति को अपने पास से बुहारना अच्छा लगता है/ मैं पहाड़ को गाली देता हूँ और तुम्हारे नाम को अँगूठे से/पानी पर उछालकर नदी में तैर जाता हूँ। *(प्रत्यावर्तन)*

(2) किसी तिलस्म को न खोज पाने का आक्रोश/रोज वेश्यालयों और अनाम रास्तों से उठाई गयी औरतों की जाँघों और नितम्बों के मर्दन से भी शान्त नहीं

होता/हर एक रास्ते से गुजरती औरत को सतीत्व रक्षा में निबद्ध पाता हूँ/और बलात्कार का एक तीक्ष्ण आवेग मुझमें बिजली सा कौंध जाता है! (*प्रतिशोध*)

(व्याख्या : जब तिलस्म खोज पाने का आक्रोश वेश्याओं और लड़ाई गयी लड़कियों को मसलने से शान्त नहीं होता तो पतिव्रत रक्षा में निबद्ध स्त्रियों से बलात्कार करने का आरोप पैदा होता है—शायद उससे वह आक्रोश शान्त हो! नहीं, उससे भी नहीं—मैं प्रत्येक छिद्र के साथ सम्भोग करना चाहता हूँ (वही) इसमें कम पर वह आक्रोश शान्त नहीं होगा—ले.)

जाहिर है कि सेक्स से अतृप्ति (या घृणा) पहाड़ों को गाली देने में प्रत्यावर्तित होती है और असमर्थ खोज का आक्रोश प्रत्येक छिद्र से सम्भोग करने की इच्छा में प्रतिशोध लेता है। यही इन कविताओं के भीतर छिपा इरादा है। सामाजिक शील को नंगा करने की कोशिश में यह भाषा खुद 'मादरजात नंगी' हो गयी है। जगदीश चतुर्वेदी की घोर 'वैयक्तिक काव्य-प्रक्रिया' शायद यही है! अगर हम यह भी मान लें कि वह आवेश को एक प्रतीकात्मक रूप दे रहा है (जो है) और आज के भयावह सत्य को भाषा दे रहा है तब भी सवाल उठता है कि क्या स्त्रियाँ भी तमाम भ्रष्ट-व्यवस्था और बर्बर यथार्थ को नहीं भोग रही हैं! अपने विद्रोह के लिए अगर कविता भी उसके साथ वही सुलूक करे जैसे गुंडे करते हैं, तो उसके कविता होने का क्या मतलब है? मध्यकालीन आस्तिक कवि का यह कहना 'नारी की झाईं पड़े अन्धा होत भुजंग'—और नए नास्तिक कवि के इस कहने से—"औरतें समय बर्बाद करने की जिन्स हैं"—कहाँ अलग है? संसार को छोड़ने और ईश्वर के पास पहुँचने के लिए धार्मिकों ने हमेशा स्त्री को ही लतियाया है और बर्बर आक्रामकों ने उसी पर अत्याचार ढाये हैं, विलासी सामन्तों ने उसी के लिए अन्तःपुर नुमा कैदखाने बनाए हैं और अगर कवि भी यह सब एक दूसरी तरह से कर रहा है तो जाहिर है कि उसके भीतर प्रतिक्रियावादी, पिछड़े हुए आधार जिन्दा हैं।

कवि का अनुभव जितना संकीर्ण, इकतरफा और आविष्ट होता है, कविता के भीतर रचनात्मक पेचीदगियाँ उतनी ही कम होती हैं। गालियाँ और सेक्सी अभिव्यक्तियाँ लोक के भीतर भी प्रतीकात्मक और लाक्षणिक अर्थों में रूढ़ देती हैं। माँ, बहन की गालियाँ, कई मुद्राएँ—अकसर क्रोध, घृणा आदि को प्रकट करने के माध्यम हैं। इसलिए सारे गुंजलक के बावजूद ऐसे प्रतीक तनावहीन और सरलीकृत हैं। वे केवल आत्म विडम्बना और स्वैराचार का नंगा बयान हैं। क्योंकि इन प्रतीकों की खोलें पहले ही उतर चुकी हैं :

महाकाल की सीढ़ियाँ में एक युग्म प्यार करने की निष्फल चेष्टा में/दम तोड़ रहा है और सिसकियाँ आकाश में तैरती चिड़ियों के परों में फँस गयी हैं/ एक नदी

डकारी है पूरे वेग से और भाग गया है जंगल की ओर/शिवलिंगों की पूजा करते-करते गृहणियाँ नग्न हो गयी हैं/और अपने शरीर को चक्रवात सा घूमने दे रही हैं/ कठोर शिला के शीर्ष से सटाकर/ (*निकृति*)

यह 'बिम्ब' न तो रूप में ठहर पाता है, न प्रक्रिया में, काम-क्रिया उसके जरिए व्यक्त कामुक आवेश और उसकी विसंगतियाँ ही प्रभाव में ठहर पाती हैं। यहाँ न धर्म ध्वस्त होता है, न धर्म का छल; बल्कि यह सारा का सारा तामझाम काम की बर्बर और नग्न प्रतीतियों में खो जाता है। इसलिए तिलस्म जैसी लगती इस प्रक्रिया की सारी जटिलता-जो शायद रचना के दौर में रही भी हो तो—समाप्त हो जाती है। इसलिए कामुक भाषा में जो भले कहीं-कहीं कामुकता पर थूकती हो—जहाँ जहाँ कवि ने सामाजिक छल, अविश्वास, विकृति और आत्मग्लानि प्रकट करना चाही है। दरअसल वहाँ वहाँ वह मूल अर्थ खोकर बहती क्रियाओं में जड़ीभूत हो गयी है। वहीं इन रचनाओं की पाठानुभूति है :

कोई भी रचना : प्रक्रिया के क्षणों में निजी होती है, तब भी वह इतनी निजी होती कि समाज से उसका सम्बन्ध न हो। वास्तव में सर्जना के दो पहलू होते हैं। एक तो अनुभूति का अन्वेषण और दूसरा सम्प्रेषण की विश्वसनीय बनाना, अगर सम्प्रेषण विश्वसनीय नहीं हो पाता तो रचना अपनी हजारों कलाबाजियों के बावजूद अकेली छूट जाती है। विश्वसनीयता समय के साथ ही समाज के विश्वासों और अभिरुचियों से भी जुड़ी होती है। चाहे जितना क्रान्तदर्शी कवि हो, क्योंकि सामान्य व्यक्ति के रूप में स्थितियों को भोगने और कवि रूप में उन्हें रचने के लिए दृष्टि अपरिहार्य होती है। दृष्टि और दृश्य का भेद जानना एक सर्जक के लिए आनुषंगिक कर्म नहीं है। अकविता के एक पैरोकार का सवाल है कि "अन्धे समय में किस निर्णय पर पहुँचना आसान नहीं"—सवाल है कि तब कविता से हम किसी समाधान की माँग नहीं कर रहे हैं, रुझान और दृष्टि की माँग कर रहे हैं। अन्धे समय के कवि को अँधेरे का खाका ही नहीं खींचना है, उसे उस प्रकाश की तलाश भी करनी है, या उसे जिलाना भी है जो कहीं अँधेरे में मर गया है। विक्षिप्त समय के 'साक्षात्कारी कवि' (जैसा कि जगदीश चतुर्वेदी का दावा है) की स्वयं विक्षिप्त होने की जरूरत नहीं होती, उसे उल्टे, और अधिक प्रज्ञावान होने की जरूरत होती है। वह सब कहीं आग लगाता नहीं घूम सकता। भस्म करने और बचाने के बीच उसे एक साफ रेखा भी खींचनी होती है। जगदीश चतुर्वेदी का रोटी हड़ताल, राजनीति जैसे मोटे विषय 'कविता के लिए स्वीकार नहीं कर सकते। यथार्थ के साक्षात्कार का दावेदार कवि क्या यह बताएगा कि उसके स्वीकार न करने से ही क्या ये विषय जीवन के बाहर हो जाएँगे? वह तो पुष्प, चाँदनी, बच्चे, बहन, माँ घर और खलिहान को भी स्वीकार नहीं करता, तो क्या ये धरती से ही उठ जाएँगे? 'तमाम आकर्षण केन्द्रों में आग लगा

देने' से ही उसके यथार्थ की माँग पूरी हो जाएगी? 'अकवि का यथार्थ सचमुच वैसे ही अधूरा है जैसे समूची ज़िन्दगी को रोटी और पड़ताल में कैद करने देने या फूलों और हवाओं और सौन्दर्यों में उड़ाने और डुबाने वाला यथार्थ, लेकिन इन अतिवादों में कहीं जीवन की माँग और अनुभूति का सुख अपना स्वरूप लेता है; जगदीश और अकवियों की दुनिया को तो वह भी नसीब नहीं है। उसका अनुभूत और दृश्य जगत कथित यथार्थ की ऐसी प्रस्तुति है—जिससे यथार्थ के सही बिम्ब नहीं बनते और आततायियों, ध्वसंकों की सही तस्वीर नहीं उभरती, आप चोट कहीं करते हैं और चोट कहीं पड़ती है! विद्रोह अगर शत्रु की पहचान न कराए तो वह विद्रोह नहीं, आत्मग्रस्तता और पलायन है और विकृति यदि सौन्दर्य की ओर इशारा नहीं करती थी तो वह कुलबुलाते कीड़ों का नाबदान है। दुराग्रह और जिद जगदीश के कवि पर इस तरह हावी है कि वह किसी भी चीज़ को विकृत करने से पहले स्वीकारने या खाने को सड़ने से पहले खाने को तैयार नहीं है, ऐसी कविताएँ, (कवि की ईमानदार पीड़ा के बावजूद) प्रभाव के स्तर पर लगभग बेकार और घिनौना हो जाती हैं और विकृत समय और समाज के प्रति घृणा पैदा करने की बजाय स्वयं कविता के प्रति घृणा पैदा करती है। हम जानते हैं कि केवल 'चंचल चितवन ही नहीं जल्लाद आँखें भी होती हैं।' 'मधुर मुस्कान ही नहीं, ओंठो की दरारें भी होती हैं।' 'नाक' ही नहीं थूथन भी होती है।' 'भी' को ही बनाते ही सारी तटस्थता, सारा विवेक नदारद हो जाता है। एक विद्रोही कवि को यह जान लेना होता है कि उसका विद्रोह मूर्तिभंजन या क्रोध-फूहड़ता भी संघर्षशील समानधर्मी लोगों की ताकत बढ़ाता है या नहीं? एक अकेली दुनिया और घटाटोप घमंड कवि की नियति हो सकता है, उसे कविता की नियति में नहीं बदला जा सकता और उसका कोई 'स्थाई प्रभाव' भी पैदा नहीं होता। अगर वास्तव में ऐसा है :

कि : धर्म के नाम पर जीवित है चंद नुचे हुए स्तर/और उनकी
सेवा में निमग्न है पूरी की पूरी शताब्दी/ सारा देश
केवल मैं नहीं'

(निरापद तो,)

उससे क्या बदलने वाला है, "मर्द, औरत, पेड़, वनस्पति, कुत्ते, गिद्ध" सब अगर निश्शेष हो जाएँगे तो अकेला 'मैं' बचकर क्या करेगा? फ़िराक़ ने लिखा है :

"तकदीर तो कोमों की हुआ करती है
इक शख्स की किस्मत कोई तकदीर नहीं।"

इस सारी बहस के ये मानी नहीं है कि जगदीश चतुर्वेदी की नैतिक पीड़ा, तीखे आक्रमण और बर्बर पाशविक अभिव्यक्ति के भीतर छुपे उनके विक्षोभ और व्यंग्य को नजरअन्दाज किया जा रहा है। कुल मिलाकर जो कहना है वह यह है कि उनके विक्षोभ के अति सरलीकृत होकर, अपने एकमात्र गलत और नकारात्मक

प्रत्यय चुने, जिससे उनके प्रतीकों को दुनिया पाखंड में तब्दील हो गयी। दूसरी बात यह है कि उनके निषेधमूलक आग्रह नियत प्रतिबद्ध हैं और गलत जगहों पर प्रतिबद्ध हैं। तीसरे वे अपनी रचनात्मक संवेदना में तटस्थता नहीं है। इसलिए रचनात्मक स्तर पर उनकी कविताएँ बहुत स्थूल हैं। प्रभाव के स्तर पर के अपने कब्जे को नहीं कथन को सम्प्रेषित करती हैं।

जहाँ कहीं जगदीश चतुर्वेदी संयत हुए हैं, (बाद में तो और हुए हैं) जहाँ उनके भीतर संवेदना जागी है। जब काव्य-विवेक ने उन्हें विचार करने का अवसर दिया है तो उनकी तल्ख और निषेधमूलक कविताओं में भी एक सोच पैदा हुआ है, और यह भी महत्त्वपूर्ण है कि तब उनकी कविता के बिम्ब, प्रतीक और प्रभाव भी निखरे हैं, दो उदाहरण देकर मैं निबन्ध खत्म करूँगा :

हिलते हैं दरख्तों के तने और शहर में भूचाल आ जाता है/कोई रातभर जागकर लिखता है किसी का नाम/ और सुबह भूल जाता है/ एक अकेली उदास लड़की पीली पत्तियों से गुजर जाती है/ धूप अकेली लेटी रहती है चुपचाप/और लावारिस कुत्ते छत को ताकते सड़कों को गालियाँ देते हैं।

(*व्यक्तिक्रम*)

कल सुबह एक नन्ही सी चिड़िया मर गयी/मुझे उसकी डबडबाई आँखें अजीब सी लगीं/मुझे ऐसा लगा/ कि दूर देश में/मेरी बच्ची बीमार है/और, मैं उसे देख नहीं पाऊँगा...

(*एक अनुभूति*)

इससे साफ होता है कि कविता के सृजन और प्रभाव का रिश्ता कहीं गहरे सोच और सचेत अन्तर्दृष्टि से है—जो कविता को न केवल अर्थवान् बनाती है कविता भी।

कवि श्रीराम वर्मा : मुक्ति संघर्ष

श्रीराम वर्मा ने 'चौथा सप्तक' में कविता और अपनी कविता के बारे में जो वक्तव्य दिया है, वह शायद उनका सबसे ताजा वक्तव्य है। उनका कहना है—(1) कविता चक्षुश्रुवा होती है। (2) मैं अपने प्रत्येक शब्द का सर्जक हूँ। (3) कविता केवल यथार्थ नहीं है, अतियथार्थ नहीं है, कुछ और भी है, जिसे समझा तो जा सकता है, कहा नहीं जा सकता। (4) यन्त्र से, रूढ़ि से, मृत्यु से अपवारित करना सर्जन है। (5) मैं स-तर्क, सचेतन, सार्थक अस्तित्व हूँ, जो स्वतन्त्र अत: आत्मानुशासित है। (6) मैं अहम् में वयम् का समाहार हूँ। एक तरह से यह श्रीराम वर्मा द्वारा निर्धारित स्वयं की कविता का काव्यशास्त्र है। अगर आप गौर से न भी देखना चाहें तब भी इसमें अनेक प्राचीन और प्रचलित विचारों की ध्वनि मिलेगी। कवि ने अनेक देशों से, कालों से कुछ सीखा है, कुछ पाना चाहा है—कहीं से विनय, तो कहीं से दृष्टि। हालाँकि मुझे शक है कि दृष्टि के लिए उन्होंने जिन नये हिन्दी लेखकों का हवाला दिया है, उनमें से अधिकांश के पास दृष्टि है—लेकिन यह एक अलग मुद्दा है। तब भी अकसर अपने चयन में उन्होंने अपने को ही बार-बार दूसरों में चुना है। यह उनके वक्तव्य और कविताओं से झलकता है; और इसमें अस्वाभाविक भी कुछ नहीं है।

लेकिन श्रीराम वर्मा के विचारों और काव्य-प्रतिरूपों से जो गन्ध आती है वह व्यक्तिवादी गन्ध है। इस बात से कविता का कोई भी अध्येता शायद ही विश्वासपूर्वक इनकार कर सकेगा कि कविता अन्ततः एक वैयक्तिक प्रक्रिया है। लेकिन इस बात से भी इनकार करने का कोई सही कारण नहीं दिखाई देता कि कविता इस हद से आगे आत्म-भोग (या आत्म-रति) नहीं है। एक कवि का आत्मानुशासित होना मुहावरा है—'जैसे आग से खेलना'। क्योंकि संसार के तमाम दबावों को झेलते हुए, हर कहीं से अपने लिए चुनते हुए, और यहाँ तक कि उसकी व्याख्या करते हुए भी—आत्म का कितना हिस्सा बचता है। इसीलिए दुनिया को छोड़कर अध्यात्म साधक अपने भीतर उतर जाता है—और कवि जगत-प्रसार के भीतर आत्मा का

विनिमज्जन कर देता है। तब वह जगत के लिए 'आत्म' को चुनता है न कि 'आत्म' के लिए जगत को। एक समाज आग्रही और व्यक्ति चेतन कवि की दृष्टि में यह मूलभूत अन्तर है कि दोनों में 'आत्म' की भूमिका अलग-अलग होती है। इसी से सब कुछ बदल जाता है। मसलन, भाषा को लेकर बात करें तो व्यक्ति-चेतन कवि उसे 'निजकृति' (मैं अपने प्रत्येक शब्द का सर्जक हूँ) मानता है। यह किसी हद तक सही हो सकता है। लेकिन एक हद के आगे यह खुद की चापलूसी करने की तरह है। जिन कवियों ने इस सिद्धान्त का अक्षरश: पालन करने की कोशिश की (हालाँकि यह असम्भव है) उनकी कथित कविताएँ—ठेठ पतिव्रता की तरह अकेली उनकी होकर रह गयीं; उसे न समझा जा सकता है—न कहा जा सकता है। अब मैं श्रीराम वर्मा से ही पूछूँ कि अगर वे महान परम्परा के कवि हैं, अगर उन्होंने हर कहीं से दीक्षा ली है, तो अपने प्रत्येक शब्द के सर्जक वे कैसे हुए—अगर शब्द का सीखने, अनुभव करने और संवाद करने से कोई रिश्ता है तो? भले ही मैं यह जानता हूँ कि वे क्या कहना चाहते हैं, लेकिन जो कहा गया है उससे उत्पन्न अर्थ-भ्रम की खतरनाक सम्भावना से आगाह भी करना चाहता हूँ।

श्रीराम वर्मा एक विचारशील समीक्षक भी हैं इसलिए विचार के स्तर पर भी उनसे बातचीत करना मुझे अच्छा लगता है। मैं उनसे जानना चाहता हूँ कि शब्द की सर्जता—विशेषकर निजी सर्जना—क्या वहीं जाकर समाप्त हो जाती है जहाँ वह पाठक के सामने अपने को समझने की चुनौती फेंकती है? और क्या कविता को पढ़ने की यही सार्थकता है कि पाठक शब्द-जादूगरी और प्रयोग के नये ढंग की कुंजी हासिल कर ले; और क्या पाठक की सारी मेधा और मर्मज्ञता रचनाशिल्प को उद्घाटित करने में ही लगा देना कविता का सार्थक प्रयोजन है? यों, फिर शब्दों की जादूगरी से यह सिद्ध किया जा सकता है (और लोगों ने किया भी है) कि भाषा का रहस्य जानना स्वयं जीवन का रहस्य जानना है—लेकिन जीवन का रहस्य जानने के लिए भाषा कुंजी नहीं है वह एक जासूस है जो रहस्यों को बारीकी से देखती और विश्लेषण करती है। जीवन से भाषा के रिश्ते नित्य और प्रतिखोजी की तरह स्पर्द्धा के हैं, जिन्हें केवल कवि नहीं, समाज या मनुष्य निर्धारित करता है। संक्षेप में कहना चाहूँगा कि भाषा की सर्जना अकेले कवि की सर्जना नहीं, समाज की सर्जना भी है, जिसने अपने लिए भाषा को रचा-तोड़ा और बदला है। समाज या लोक का भाषिक रचना में इतना हस्तक्षेप स्वीकार न करना कविता को चाहे जितना बौद्धिक, ऊँचा और विशिष्ट बनाता हो, उसके संचार-संवाद और सम्प्रेषक को अवरुद्ध करता है। नई कविता के प्रारम्भिक और उतार काल के कुछ कवि भाषा को निजी बलात्कार की चीज़ समझते रहे हैं। वे उसे नट-कौशल या सर्कसी करतब का औजार मानते रहे हैं। ऐसी भाषा भले कुतूहल, विस्मय और कई बार दहशत पैदा करती हो, लेकिन

अपने होने या कविता में अपने होने की कोई सार्थकता प्रमाणित नहीं करती। भाषा का नट-कौशल कई बार सम्पूर्ण अभिव्यक्ति के नट-कौशल में तब्दील हो जाता है क्योंकि एक चिन्तन और प्रक्रिया दूसरी को भी प्रभावित करती है। श्रीराम वर्मा से एक कविता का उदाहरण लें। कविता है—'भैंस': उसे शायद घास की तलाश थी/या शायद पानी की/वह चली भारी पाँव/अनमनी एक नयी सृष्टि का मंडल बनाती हुई/ कि एकाएक उसकी सींग में फँसी उठ आयी उसके सर पर एक साइकिल और/पहिए चक्कर खाने लगे।

और भैंस की आँखों में/न घास/न पानी/न आँखमुंदी डुबकी/सिर्फ आते-जाते से कुछ बाबू, कुछ मेमें/घिस्सू/पिस्सू/पूसी/भूसी/कुर्सी/मिजाज/पुर्सी। मिमिआती बकरियाँ/ पुंछियाती कुत्तियाँ/चूहे/दुलत्तियाँ/जेबें और कैंचियाँ....

(शब्दों की शताब्दी)

बात श्रीराम वर्मा की चल रही है, इसलिए उनसे यह उदाहरण दिया गया है, वरना ऐसे पच्चीसों उदाहरण नयी कविता से दिए जा सकते हैं—उन कवियों से भी जो प्रतिबद्ध बनते हैं। निजी प्रतीकों की अति यथार्थवादी छलना में पच्चीसों कवि गिरफ्तार हुए हैं—इस भ्रम में गोया वे यथार्थ का कविताकरण कर रहे हों!

दूसरा सवाल मैं पूछना चाहूँगा कि साहित्य के भाषिक प्रयोगों और गणित या विज्ञान के चिह्नों-प्रतीकों में क्या अन्तर है? शायद कहा जाएगा कि वे स्थिर और अपरिवर्तनीय होते हैं जबकि साहित्य में सर्जनात्मक और गतिशील। ठीक है, लेकिन सृजन की कसौटी क्या है? शब्दों के नये जोड़-बाकी; उनका नया उपयोग, उनके चमत्कार? क्योंकि भाषिक सर्जना के नये पैरोकारों ने मनुष्य की दिलचस्पियों और रागात्मक सम्बन्धों को काफी हद तक भुला दिया है। कवि का काम नये प्रयोग करना ही नहीं है बल्कि सामाजिक रुचियों, संवेदनों और उन माध्यमों से प्रयोगों को लौकिक संवेदना देना भी है, ताकि कविता भीतरी सर्जनात्मक पुकार के तहत पढ़ी जाए। प्रयोगों की स्वीकृति में देर-अबेर होती है, लेकिन यहाँ मैं प्रयोगों के पीछे, रचनात्मक या संवेदनात्मक 'प्रयोग-दृष्टि' की बात कर रहा हूँ। इसे भुला देने से कविता का जीवन से फासला बढ़ता गया है और दूसरी तरफ कल्पनाहीन सस्ते रोमांचों से बाजार पट गया है।

कविता में अकेला घमंड अगर हावी हो जाता है तो कविता के जनाधार को काफी धक्का पहुँचता है। इस मामले में व्यर्थ की बहसें करने की बजाय हमें सोचना यह होगा कि अपनी ताजगी, प्रतिभा, गहराई और कौशल के बावजूद कविता उस मनुष्य के पास कैसे पहुँचे, जो उसकी ओर उत्सुकता और ललक से देख रहा है? श्रीराम वर्मा ने अपने वक्तव्यों के बावजूद इस प्रश्न को जरूर गम्भीरता से लिया होगा—वरना वे 'आत्मकथा' की कविताएँ न लिखते और 'ग्रीनविच' और 'कालपात्र'

की एक कविता (उन्हीं के शब्दों में) बार-बार लिखते रहते।

एक बात, आलोचना और विद्रूप की कविताओं से पूछना चाहूँगा। श्रीराम वर्मा ने सही कहा है कि आलोचना से दृष्टि बनती है। जाहिर है कि आलोचना ही दृष्टि नहीं होती, वह दृष्टि का एक सक्रिय माध्यम है। नई कविता और आगामी कविता के संक्रमण काल में (जो कवि श्रीराम का जन्म-काल भी है) कविता का मतलब हो गया था आलोचना और आलोचना का मतलब हो गया था विद्रूप विसंगति, शरारत, व्यंग्य के जरिये व्यवस्था, व्यक्ति और घटना को छलनी बनाना या नंगा करना। मैं जानता हूँ कि आलोचना बहुत जरूरी चीज़ है, लेकिन वह सर्जना का पहला चरण था। लेकिन कुछ लोगों ने इसे लक्ष्य की तरह प्रभामंडित कर दिया है। कविता का दोहरा प्रयोजन है—ध्वंसात्मक और सृजनपरक। समाज और व्यवस्था आदि के आलोचक भले उसकी पुनर्रचना के कोई इशारे न छोड़ें, लेकिन अगर कवि भी बारूद के ढेर पर दुनिया को बैठा हुआ महसूस करे तो पूछा जा सकता है कि क्या यही कहने को कविता की जाती है? भले ही कविता का काम समाज-रचना का दर्शन और प्रक्रिया निर्धारित करना या फैसले देना न हो, लेकिन कविता की सर्जना के पीछे मानवीय परिवर्तन और चेतना की सक्रियता अवश्य होनी चाहिए—कि अँधेरे घटाटोप के भीतर से कोई दिशा, कोई किरण फूटती नजर आए। सृजन अँधेरे के पार की तलाश भी है। और सृजन के मानी शब्द और शिल्प का सृजन ही नहीं होता—सृजन दरअसल जीवन की ओर खुली हुई दिशाएँ हैं। श्रीराम वर्मा ने यहाँ तक तो ठीक कहा है, कि 'यन्त्र से, रूढ़ि से, मृत्यु से अपवारित करना सृजन है।' लेकिन अपवारण के बाद की भूमिका के बारे में वे खामोश हैं।

हुआ यह कि श्रीराम वर्मा अर्से तक उस परिमल ग्रुप में घिरे रहे हैं, जो उनके ऐसे ही सोच की प्रेरणा दे सकता था। वहाँ पाश्चात्य आधुनिक विचारों और शब्दावलियों का इतना बोलबाला था, आत्मग्रस्तता दिखावटीपन और बौद्धिकता का ऐसा बेमिसाल प्रदर्शन था कि बहुत सी परिचित बातें भी अपरिचित प्रतीत होने लगती थीं। सामाजिकता जैसे इस सोच का कोई मुद्दा ही नहीं था। 'आलोचनात्मक यथार्थ और बौद्धिक रहस्यवाद' इस ग्रुप की आइडियॉलाजी थी। इस तरह 'परिमल' बौद्धिक छल का एक महीन लाक्षागृह था। श्रीराम वर्मा तब उभरते हुए कवि थे, उन्हें इस बात का श्रेय अवश्य दिया जा सकता है कि वे इस ग्रुप के द्वारा नष्ट होने से एक हद तक बचे रहे।

'नई कविता' में लक्ष्मीकान्त वर्मा द्वारा लिखी श्रीराम वर्मा की समीक्षा इसी परिमली समाज के विचारों का नमूना है। तब की श्रीराम की जलेबीनुमा कविता पर अपनी जलेबियाँ बनाते हुए लक्ष्मीकांतजी ने उसे इमरती में तब्दील कर दिया था। भारत-पाक युद्ध पर लिखी इस कविता में बाबू लक्ष्मीकांतजी को 'अकर्मण्यता'

दिखाई पड़ी थी—

मैं उद्घोषित करता हूँ/पृथ्वी बूचड़खाना नहीं है मेरे सगो/हड्डियों का वाद्य या वक्त का संगीत/अगर सुनने लगे राब्सन के श्रोता बीथोवेन/बेचारे फिर बहरे हो जाएँगे।

युद्ध को 'अपवारित' करने की इस अपील के पीछे जो कोमल और संवेदित पहल है वह तो 'अकर्मण्यता' है, और तमाम प्रश्नों के लंगड़ा देने वाली ये पंक्तियाँ कम्पलीट हैं :

'सवालों का सिलसिला/तड़पती मछलियों सा/सवाल इस तरह लंगड़े हो जाते हैं/ जिनका सदियों तक जवाब सीधा नहीं होता।'

लक्ष्मीकांत वर्मा के अनुसार ये पंक्तियाँ सार्थकता के वृत्त में प्रज्ञाचक्षु हैं।

बहरहाल ऐसी टिप्पणियों से कोई आँख वाला कवि भी 'प्रज्ञाचक्षु' हो सकता है! अगर नई कविता की दम तोड़ती घड़ियों में श्रीराम अकेले भी छूट जाते तब कहीं उनकी पारम्परिक चेतना समकालीन ह्रास से प्रज्ञात्मक और सापेक्ष सम्बन्ध कायम कर सकती थी। तब उनकी प्रतिभा, संघर्ष, गुणग्राहकता और बहुज्ञता—शायद अधिक सार्थक और मार्मिक कविता को जन्म देती और वे जमीन से उखड़ी हुई शब्द-चमत्कारमई दिखावटी कविता से ऊपर उठ पाते हैं। तभी शायद श्रीराम वर्मा को लगता कि कविता ऐंद्रजालिक तिलस्म नहीं है। सैकड़ों नामों, सन्दर्भों और स्वभुक्त क्षणों को 'स्व' सर्जित भाषा में बयान करना भी कविता नहीं है, और तब शायद वे 'सेमल के आस-पास' जैसी कविता (शब्दों की शताब्दी) को अधिक दृष्टि सम्पन्न और मार्मिक बना सकते थे। तब उन्हें इस तरह के परिणामों में नहीं पड़ना :

किन पर्वतों को समुद्र में तब्दील करते आखिर हम कहाँ जा रहे हैं/हिलेरी शेरपा/आइख़मैन वार्ड हिटलर/और क्लाड इथर्ली/और माओ शातिर शरारती/ ज्योतिषी और जेबकतरे/चोलियों बोटियों के विक्रेता/ और दहेज में संसद देते लतियल नेता हम पूछते हैं हमसे/और कौन-सा बचा है साझा बाजार जहाँ आग लगाते जाना शेष है।

(सेमल के आस-पास/शब्दों की शताब्दी)

अपने आवेग में ऐसी कविताएँ विश्लेषण और विवेक को भी खो देती हैं और पतनोन्मुख रूमानियत की एक किस्म में तब्दील हो जाती हैं।

कविता कोई थियोरम या गणित का सवाल तो नहीं है कि उसे इस तरह हल किया जाए :

—पंख हवा में बिखर जाते हैं और खंख हवा पर उगते फूल खिला देते हैं/— विश्लेषण बेगुनाह है। *(निष्पत्ति/शब्दों की शताब्दी)*

आपसे साफ कहूँ कि श्रीराम वर्मा पर बात करते हुए मैंने बहुत से तत्कालीन कवियों पर बात की है। इसके बावजूद उन पर अलग से बात करना जरूरी है। क्योंकि कविता की उपर्युक्त मानसिकता के बावजूद उनमें सर्जनात्मक सोच और प्रतिभा के ऐसे स्पार्क हैं जो उन्हें इस मानसिकता के ऊपर उठाए हैं और सबसे प्रीतिकर बात यह है कि वे किसी एक मानसिक घेरे में न बँधकर निरन्तर नए विचारों और धारणाओं के लिए खुले रहते हैं। उन्होंने स्वयं अपने काव्य शास्त्र से किसी हद तक मुक्त होने की कोशिशें की हैं। ऊपर मैंने उनके परिवेश की सीमाओं की ओर इशारा किया है, लेकिन श्रीराम के कवि में खूबियाँ भी बहुत हैं।

श्रीराम वर्मा के काव्य की सबसे महत्त्वपूर्ण विशेषता उनकी व्यापक ग्रहणशीलता है। उन्होंने परम्परा का अवगाहन किया है, जिसने उन्हें भाषा को गहरी संवेदनाएँ और मिथकों का विपुल संसार दिया है—जिसे वे नये सन्दर्भों में इस्तेमाल करते हैं। इस संलग्नता से उपलब्ध नवीनता वर्तमान को विकासमान अतीत की गतिशीलता से जोड़ती है। दूसरी विशेषता प्रयोगशीलता है जो उनकी भाषा को नाटकीय शरारत से भरती है तो कहीं शिल्प को ताजा समृद्धि भी देती है। वे अपने मूल ग्राम्य परिवेश को भी बड़े जतन से सम्हाले हुए हैं इस तरह कि हम उसे कई बार नागरिकता की समीक्षा करते हुए पाते हैं।

छक्के छूट गये/पसीना बहाते खून बहाते/खून जलाते/कचहरी जाते/पैर थक गये पैंट फट गयी। अकाल आसमान तक/आग में फसल जहान तक/क्या कोई दूधो नहाए/और पूतो फले।

कई जगह श्रीराम वर्मा का शब्दों से खिलंदड़ापन सार्थक और ध्वन्यात्मक है। यह शब्द की दिखावटी नट-विद्या की अपेक्षा अर्थ के सार्थक उद्घाटन का माध्यम भी है :

सात-सात क्रान्तियाँ/साथ-साथ/फिर कुछ
भी नहीं होता
होता तो क्या होता/मैं मैं होता/ तुम तुम
होते/तू-तू
मैं-मैं नहीं होती/नहीं होती यानी कि मैं-तू
और तू-मैं

(न/कालपात्र)

मैं और तू में जो अहं है; साथ ही पशुता सूचक ध्वनियाँ हैं। और अन्त में अहं विसर्जन के संकेत हैं—वे सब शब्दों के खेल की अर्थव्यंजना देते हैं। कहीं-कहीं कवि में इतना सर्जनात्मक घनत्व है जो बिना सूक्ति पद्धति के भी जीवन-व्यापार को उद्घाटित कर देता है और कम से कम बोलकर ज्यादा से ज्यादा अपनी बात कह

देता है :

टिफिन और ट्रेन/इतना ही घर दिया/इस ज़िन्दगी ने—

(एक जीवनी/कालपात्र)

चाँद तो ठंडा/है लगेगा जाने कितना समय/बमों से उसे गर्म करने में।

(1967 का सूर्य/कालपात्र)

जहाँ श्रीराम वर्मा तल्ख और व्यंग्यालु हैं वहाँ अकसर उन्हें व्याख्यान, परिगणन और आनुप्रासिक पर्यायवाचिता दबोच लेती है, लेकिन जहाँ वे एक ठंडी ऊष्मा से सौन्दर्य, जीवन और घटनाओं के तटस्थ प्रेक्षक होते हैं वहाँ वे सबसे अधिक कलात्मक, संयत और मर्मस्पर्शी होते हैं। 'झील', 'शुक्र', 'चुम्बनान्त' जैसी कविताएँ या 'आत्म कथा' की अनेक छोटी कविताएँ या 'नई कविता' (पत्रिका) में छपी उनकी इस कविता के प्रयुत्पन्न सर्जनात्मक अनुभव विदग्धता :

खुली खिड़की
खड़ी एक लड़की
अरे आँखों में
इतना और स मा न!

(विष्णुकान्त/नई कविता-5-6)

मुखौटे वाली दुनिया के वे तीखे आलोचक हैं। यहाँ उनकी गुर्राहट, उनका उफान भले जायज हो, लेकिन इन उद्वेलित क्षणों में श्रीराम वर्मा बजाय कवि के एक नेता की तरह पेश आते हैं। यह रूप एक विचारवान सर्जक के लिए सराहनीय इसलिए नहीं है कि उसके लिए बहुत मामूली प्रतिभा और वागविस्तार काफी होता है। और कमांडर के आदेशपालन की तरह आवेग के आदेश का परिपालन भर करना कवि होना नहीं है। क्योंकि वह और लोग भी कर सकते हैं। 'चेहरे का चौराहा' वगैरह ऐसी ही कविताएँ हैं। मैं यहाँ ईमानदारी और क्षमता वगैरह के सवाल नहीं उठा रहा हूँ। मैं केवल आधुनिक कवि की भूमिका की बात कर रहा हूँ। ऐसी कविताओं में भी कहीं-कहीं विकराल पीड़ा ताकत के साथ उभरी है—इससे भी इनकार नहीं है।

महामानव-समुद्रमन्थन से आखिर आप
निकले हैं विवर्तच्छ्द विराट् विकराल
दंष्ट्र वराह रूप
पूरी है पूरी है—आपकी पूरी है
जलौघमग्ना सचराचरा धरा

(चेहरे का चौराहा/कालपात्र)

शुरू में मैंने श्रीराम वर्मा की भाषा में जिस व्यर्थ की जटिलता और नाटकीयता का उल्लेख किया था, उस पर लगता है कि उन्होंने स्वयं आगे चलकर ध्यान दिया है, यही वजह है कि आत्म-कथा की उनकी कविताओं में एक खास तरह की सादगी और प्रवाह है :

पहाड़ सी साधारण इच्छाएँ/जुती हुई
भूमि-सी बनें साधारण/जीवन आवश्यकता
हो; विवशता नहीं/उसे मैं उधार की तरह
मत जिऊँ/वह मुझे नहर की धारा-सा
सींचे/सच्चा प्रकाश दे। वह विद्या-सा
मेरा हो निजी/दूसरे के सम्पर्क में बढ़कर
आकाश-सा चतुर्दिक फैल जाय/हाथ
ठिठुरते रहें पाले में जितना, हथेलियाँ
उतनी ही खुली रहें।

(उपोद्घात/आत्मकथा)

यह न केवल सादगी है, यह एक दृष्टि भी है और अँधेरे में किरण की जो बात मैंने कही है, उसकी ओर कवि की सार्थक यात्रा भी।

अर्थ के सन्धान की भूमि : कुँवर नारायण

कुँवर जी का नया काव्य 'वाजश्रवा के बहाने', 'आत्मजयी' के कोई चार दशक बाद, एक तरह से उसकी पूरक कृति के रूप में आया है।

यह एक लम्बी अन्तर्धारा के रूप में उनके भीतर चार दशकों से जारी रहा है। इस बीच प्रकाशित काव्य संकलनों में भी उस मंथन की ध्वनियाँ मिल जाएँगी, पर उनका विस्फोट 'वाजश्रवा के बहाने' में हुआ है। 'जीवन' या 'आत्म' को जानने की ऐसी बहुविध विह्वलता किसी दार्शनिक अन्तश्चेतना के काव्य-परिणाम जैसी लगती है और कुछ हद तक वह है, परन्तु उसमें तीव्र यथार्थ-बोध है। जीवन को मृत्यु की ओर से देखना (आत्मजयी) या मृत्यु को जीवन की ओर से देखना (वाजश्रवा...) अन्ततः जीवन को देखने और उसके अर्थ को आद्यन्त जानने की ही खामोश बेचैनी है।

'वाजश्रवा' पर विचार करते हुए लग सकता है कि जैसे यह कोई अमूर्त कृति हो। जबकि ऐसा नहीं है। कुँवर के पूरे काव्य-संसार को देखें तो उनके यहाँ यथार्थ भले चिल्लाता न हो, वह बोध में निहित है और यदा-कदा उसमें समय और घटनाओं के चिह्न भी उभरे हैं। जीवनानुभव और संवेदन को गहरे काव्य में जिन संकेतों और ध्वनियों में प्रकट होना है, उसका एक बहुत ही सुथरा रूप कुँवर में देखने को मिलता है। भाषा को वे जिस ध्वन्यर्थ में प्रयुक्त करते हैं, उसे जाने बिना उनके काव्य की पकड़ कई जगह छूट जाती है। कई बार अर्थों के झुरमुट में कुँवर प्रकट होते हैं। इसकी खोज एक प्रबुद्ध जिज्ञासु पाठक में नए-नए रूपों, अनुभवों का फलक देती है। इस दृष्टि से उनके यहाँ पाठक का लोकतन्त्र किसी भी कवि से अधिक है।

कुँवर नारायण उदारता और सन्तुलन के अद्‌भुत कवि हैं, उनका फलक मिथक से वर्तमान में होता हुआ भविष्य तक फैला रहता है। उनकी कविता वक्त की आँधियों में निष्कंप जलते ऐसे दीये की तरह है, जो अपनी झिलमिली में भी काव्य-

विवेक को धारे रहता है। तभी कवि ने अपना काव्य-पट नकारात्मक संवेदनों से नहीं बुना है, जबकि जिन युगों के बीच उसने काव्ययात्रा और जीवनयात्रा की है, उनमें नकार के अनगिनत तत्त्व मौजूद रहे हैं।

चुपचाप जीवन और काव्य को बरतते हुए कुँवर नारायण को देखता हूँ तो विस्मित रह जाता हूँ क्योंकि यह 'चुप' उनका काव्य या रचना-स्वभाव नहीं है, जीवन-स्वभाव है। क्योंकि रचना में तो समय और विचार के असंख्य आलोड़न-विलोड़न होते रहते हैं, इनके बीच समतोल और निष्कंप जैसे दिखना, समाधि-साधना जैसा लगता है।

इस छोटे से परिप्रेक्ष्य के बाद मूल कृति की विस्तृत चर्चा सुगम होगी।

हिन्दी सर्जना ने बड़े प्रश्नों से जूझना लगभग छोड़ दिया है। आधुनिक लेखक यदि इन्हें अध्यात्म, दर्शन या प्राचीनता के खाते में डालकर मान ले कि वर्तमान सवालों, समस्याओं और संघर्षों से इनका कोई सम्बन्ध नहीं है तो वह उन विमर्शों, अनुभवों और गवेषणाओं से अपने को वंचित कर लेता है जिनमें पुरखों की सैकड़ों, हजारों वर्षों की साधना संचित है और जिनमें ढेरों व्यंजनार्थ और सृजनार्थ निहित हैं। बड़े प्रश्नों से असंख्य प्रश्न निकलते हैं जैसे शास्त्रीय संगीत से कई प्रकार के संगीत। वे आधुनिक लेखकों को सीमित और एकायामी दायरों से निकालकर विराट, देशकाल व्यापी विजन देते हैं।

इस दृष्टि से 2008 में प्रकाशित कुँवर नारायण की कृति 'वाजश्रवा के बहाने' पर विचार करें तो देखेंगे कि उसकी बीज-वस्तु हजारों वर्ष पहले की दार्शनिक रचना 'कठोपनिषद्' से सन्दर्भित है। कुँवर की यह नई कृति उन्हीं की कोई पाँच दशक पहले लिखी रचना 'आत्मजयी' के सूक्ष्म तारतम्य में है, जो एक प्रखर जिज्ञासु युवक नचिकेता की साक्षात मृत्यु-देव यम से एक ऐसे प्रश्न को लेकर की गयी जिरह का काव्य-रूप है जिसका उत्तर यदि यमराज दे देते तो स्वयं की आतंक और भय की सत्ता को संकट में डाल लेते; यदि वे यही रहस्य बता देते कि मरने के बाद आत्मा कहाँ जाती है तो मृत्यु का क्या अर्थ रह जाता? लिहाजा यम, नचिकेता को भाँति-भाँति के वैकल्पिक प्रलोभन देते हैं, पर वह विकट सत्यार्थी केवल अपने प्रश्न का उत्तर पाने पर अड़ा हुआ है। अन्ततः यम उसे अनुत्तरित धरती पर लौटा देते हैं।

पहला सत्य-शोधक विफल हुआ... धरती से लेकर आकाश तक... पिता से लेकर धर्मराज तक... सत्य को कहीं ठौर न था... यह एक ऐसी स्थिति है जो देश-काल को सदा बींधती रही है...

इस कथा को कुँवर ने कैसे बरता और अपने देश-काल के लिए क्या दुहा, यही 'आत्मजयी' का कथ्य है।

काव्य समाप्त हो गया था पर उसमें उठाए प्रश्न कुँवर के मन को मथते रहे।

नया काव्य इसी मन्थन की उपज है। मन्थन से क्या-क्या नहीं उपजता? भारतीय पुराणों की समुद्र-मन्थन की रूपक-कथा को याद करें। खैर,

'वाजश्रवा के बहाने' नचिकेता का यम-क्षेत्र में प्रस्थान और पुनः जीवन में वापसी की सन्धि से प्रारम्भ होकर क्रमशः अपना मौलिक रूप और अस्तित्व पाने लगता है। जिस पिता ने क्रुद्ध होकर उसे यम-क्षेत्र में धकेला था, वही उसे खो देने के बाद बेहद पीड़ा महसूस करता है और उसे लगता है कि उसने क्या खो दिया है? वह अनुशय और सन्ताप से भरकर पुत्र को पुनः पाने की विकल आर्त पुकार से देश-काल, तल-अतल, अँधेरे-उजाले, चेतन-अचेतन, धरती-आकाश और जहाँ कहीं भी प्राण की व्याप्ति है, वहीं से उसे लौटने के लिए पुकारता है (इसका भी एक प्रतीकार्थ है।)। मानो 'उपनिषद का प्राण-आह्वान संवेदन और पश्चाताप में पिघल कर बह रहा हो :

लौट आओ प्राण
पुनः हम प्राणियों के बीच
तुम जहाँ कहीं भी चले गये हो
हमसे बहुत दूर—
लोक में परलोक में
शोक में अशोक में...
....
तल में अतल में
जल में अनल में
चल में अचल में...
....
क्षितिज में व्योम में
तारों के स्तोम में
प्रकट में विलोम में...
....

फूलों में पत्तियों में
मरु में वनस्पतियों में
अभावों में पूर्तियों में...
....
जलधि की गहराइयों में
ठिठुरती ऊँचाइयों में

पर्वतों में खाइयों में

....

वात में निर्वात में
निर्झर में निपात में
व्याप्ति में समाप्ति में...

....

रसों में नीरस में
पृथ्वी में द्यौस में
सन्ध्या में उषस में...
लौट आओ प्राण

(*पृ. 18-20*)

वाजश्रवा की यह अद्वितीय-अपूर्व कातर पुकार उसे '*आत्मजयी*' के दार्शनिक वृत्त से बाहर निकालकर संवेदनाघात की मानवीय भूमि पर ला देती है।

जाहिर है पचास वर्ष से कवि के भीतर सीझ रहे विचार अब अनुभव का रूप ले चुके हैं। इसीलिए वाजश्रवा अब नचिकेता की मृत्यु को जीवन की दृष्टि से देख रहा है जिसका मूल्य उसे खो देने पर ही पता चला है। यह कवि-दृष्टि अपने समय को रचनात्मक अर्थ देने के लिए भी जरूरी है, क्योंकि 'भूमंडल' की वर्तमान काल-लिपि, 'प्रलयंकर प्रगल्भता' से सिर्फ मृत्यु को लिख रही है। यहीं से खींच कर जीवन लाने की संकल्पिता का काव्य-रूपक मुझे युद्ध के विरोध में लिखा जान पड़ता है, जो युद्ध अब शस्त्रों का उतना नहीं रहा जितना जीवन में उतर आया है—उस पूरी प्रणाली में जिसमें हमारा समय साँस ले रहा है।

कवि वाजश्रवा के 'अशुभ क्रोध' से उत्पन्न 'विक्षोभ' और नचिकेता की 'मृत्यु' के इर्द-गिर्द दर्शन, विचार, अनुभूति, समय, समयान्तर बुनता चला जाता है। इसमें अतीत का आग्रह नहीं है केवल अपने लिए प्रासंगिक अर्थ पाने की चाहत है। 'पूर्व-कथन' में कवि कहता है—'मेरी अवधारणा में अतीत की ओर लौटने का कोई आग्रह नहीं है, ऐसे कुछ विचारों और धारणाओं का अवलोकन है जो आज कुछ विशिष्ट अर्थों में हमारे लिए पहले से भी ज्यादा प्रासंगिक ठहरते हैं।'

इस रोशनी में यदि हम इस काव्य को देखें तो इसके दो बीज शब्द प्रतीत होते हैं—'आग्रह' और 'अवलोकन'। अतीत आता है तो कोई हर्ज नहीं, अगर वह 'कुछ विशिष्ट अर्थों में पहले से भी ज्यादा प्रासंगिक हो'; कवि उससे सम्पृक्त नहीं है, सिर्फ उसका 'कुछ' 'अवलोकन' कर रहा है। यह 'अवलोकन' भारतीय दर्शन और संस्कृति का एक विशेष शब्द है। यह सिर्फ 'देखना' नहीं है। जब वेद में कहा जाता है—'काव्यम् देवस्य पश्य' तो क्या यह 'देखना' भर है? 'पर्यवेक्षण', 'खोज' और

'दृष्टि' इसमें शामिल है। बुद्ध का एक स्वरूप है 'अवलोकितेश्वर' है— तो क्या वे सिर्फ देखते हैं— इसलिए? 'अवलोकन' में 'अन्तर्दृष्टि' और 'बहिर्दृष्टि' दोनों शामिल हैं, और दोनों की अपनी तरह से जरूरत है। जो त्रासदी घटित हुई उसका मूल कारण यही तो है कि वाजश्रवा को नचिकेता के जिस बेचैन प्रश्न पर आत्म-चिन्तन करना था, उसे लेकर वह 'अशुभ क्रोध' कर बैठा।

केवल वही था
जो बाहर निकलने की उतावली में
बाहर की ओर ढकेलता रहा उस दरवाजे को
जो अन्दर की ओर खुलता है।

(उसे याद आया एक जीवन, पृ. 54)

काव्य में अतीत-दृष्टि और समय-दृष्टि का समन्वय है। इसलिए हमें उस लम्बे दार्शनिक और सांस्कृतिक चिन्तन की अन्तर्धारा को भी देखना होगा जो मृत्यु, पराजीवन और जीवन में विश्वास या मृत्यु के अतिक्रमण से जुड़ी है। परन्तु पहले इस काव्य पर आते हैं।

कवि ने अतीत-दृष्टि के बारे में जिस 'अवलोकन' शब्द का इस्तेमाल किया है, यह उस कवि की विवेक-दृष्टि भी है जो अनेक अर्थों में यह है कवि द्वारा काव्य-वस्तु की अनुभूति के बाद उससे अपनी एक दूरी बनाना, ताकि वह किसी आग्रह या एकान्तिकता से ग्रस्त न हो, उसके आत्म-विवेक को ढँक न ले, उसे अन्धानुकरण में धकेल न दे; ताकि वह उसकी गतिशील जीवन्तता को सर्जना का रूप दे सके। देखें :

तर्क से बिलकुल चिपक कर नहीं
जरा परे हट कर भी
देखना और सोचना जरूरी है
अपने समय को

(तुम्हें खो कर मैंने जाना, पृ.115)

(इस विवेक-दृष्टि के अभाव में विचारधाराओं और रूढ़ियों में जकड़ी रचनाएँ हर स्तर पर अपनी 'अवधारणा' और 'तर्क' से चिपकी रहती हैं। इसलिए सर्जना नहीं बन पातीं। खैर)

पुत्र को खो देने के बाद पिता में 'सच्चा' पश्चाताप जन्म लेता है जिसमें सारा भौतिक वैभव और संग्रहण—जिस पर पुत्र ने प्रश्न उठाया था—उसके प्राणों की एवज में व्यर्थ जान पड़ता है। उसमें अब जाकर वह 'आत्मचिन्तन' जन्म लेता है, जो

तब लेना था, जब उसने पुत्र को एक चुभने वाले प्रश्न पर शाप दिया था :

तुम्हें खोकर मैंने जाना
हमें क्या चाहिए—कितना चाहिए
क्यों चाहिए सम्पूर्ण पृथ्वी?
जबकि उसका एक कोना बहुत है
देह बराबर जीवन के लिए
और पूरा आकाश खाली पड़ा है
एक छोटे-से अहं से भरने के लिए। (वही, पृ.112)

यह 'अपरिग्रह' की ही एक व्याख्या है। वैसे भी अनुशय या पश्चाताप मनुष्य में आत्म-प्रक्षालन, आत्माहुति जगाता है। जीवन का सारा विकास छनकर मन पारदर्शी हो जाता है। वाजश्रवा में तब्दीलियाँ होने लगती हैं, भूत-भविष्य-वर्तमान अनेक रंगों में झलमलाने लगते हैं—जैसे काँच-महल में दीपक-बिम्ब। लौटने वाला नचिकेता भी वही नहीं रहा है जो मृत्यु से पहले था। अब उसमें क्षमाभाव और जीवन के प्रति उल्लास पैदा हुआ है। 'वाजश्रवा के बहाने' की खंड-खंड संरचना और शब्द से अधिक बोलने वाले अन्तराल पिता-पुत्र के ऐसे ही झलमलाते बिम्ब हैं जिन्हें कुँवर तारों भरा आकाश शायद इसलिए कहते हैं कि उन बिम्बों में सिर्फ व्यक्ति या दो सम्बन्ध नहीं हैं, एक समष्टि भाव है, जिसमें जीवन और दर्शन के अनेक निहितार्थ हैं—देश और काल को समाहित किए हुए। इसलिए इन पंक्तियों को शिल्प में संकुचित नहीं करना चाहिए—

...दो शब्दों को जोड़ती हुई
खामोश जगहों से भी
बनता है भाषा का पूरा अर्थ
बनता है तारों भरा आकाश...

(असंख्य नामों के ढेर में, पृ. 34)

पीछे भारतीय चिन्तन-धारा का जिक्र किया गया था, क्योंकि मुझे लगता है कि कुँवर का इतना लम्बा आत्म-विमर्श केवल नचिकेता आख्यान को आगे बढ़ाने के लिए नहीं है, बल्कि किसी पुनरान्वेषण के लिए है।

'आत्मजयी' का उत्तर चिन्तन कवि से माँग कर रहा था कि इस बीच समय में हुए बड़े फेर-बदल को उस गहरी पृष्ठभूमि के जरिए रेखांकित करे जो भारतीय तथा विश्वजीवन में अन्तर्प्रवाहित है। समय के चरित्र और सोच में जो विडम्बनापूर्ण अतिवाद और एकाधिकार वाद ने अपना दबाव पैदा किया है, ('संघर्ष और हिंसा अतिवाद में है न कि विभिन्नता में', पूर्व-कथन) द्वन्द्व की गलाकाट स्पर्द्धा मनुष्यता को मृत्यु-मुख में ले जा रही है, सिर्फ उसके इनकार से काम नहीं चलेगा एक

वैकल्पिक दृष्टि देनी होगी। इस काव्य में इसीलिए कथा महत्त्वपूर्ण नहीं है, जीवन-दृष्टि महत्त्वपूर्ण है जिसे स्थापित करने की एक मानवीय भावभूमि की तलाश भी इस लम्बे आत्म-विमर्श का जरूरी हिस्सा रहा है।

अपने रचना-समय का आधार कवि ने उस भारतीय विमर्श को बनाया है जो मृत्यु, पराजीवन और मृत्यु के अतिक्रमण सम्बन्धी लम्बी चिन्तन-परम्परा का संचित सार है। क्योंकि यह चिन्तन स्वयं भी गहन गवेषणा की क्रमिक यात्रा से गुजरा है जो मोटे तौर पर वेद से प्रारम्भ होकर महाभारत और आगे भी जाता है। कुँवर ने हालाँकि महाभारत, वेद आदि का जिक्र नहीं किया, परन्तु आश्चर्यजनक रूप से वे यहाँ उपस्थित हैं। अन्य स्मृतियों की तरह कई बार दार्शनिक और सांस्कृतिक स्मृतियाँ हमारे अचेतन और अवचेतन में पड़ी रहती हैं जबकि चेतन-स्मृति उन्हें विस्मृत किए रहती है। सृजन की एकाग्रता में अनमोल मन:कोश विलक्षण रूपाकार लिए आता है जिसे शायद हमारी चेतना अन्त तक पहचान नहीं पाती।

आप स्वयं देखें कि आज के स्थूल अतिवाद और उससे उत्पन्न क्षोभजन्य द्वन्द्व के सन्दर्भ में कवि को क्या याद आता है और उसके साथ क्या क्या :

'तुम्हें खोकर मैंने जाना' खंड में एक रोचक प्रसंग है जिसके दरवाजे तीन तरफ खुलते हैं पहला वर्तमान, दूसरा अतीत और तीसरा भविष्य पर लगी तीन बन्दनवारें हैं। पहली जीवन, दूसरी दर्शन और तीसरी सत्य की :

किसी महात्मा से पूछा था एक बार
किसी ने—

''कितना समकालीन है तुम्हारा सत्य?
कितने आधुनिक हैं तुम्हारे हथियार?
कितना तर्कसंगत है तुम्हारा सन्देश?

क्या तुम्हारे सिपाही

लड़ सकते हैं
एक महायुद्ध?''

कोई उत्तर न देकर
महात्मा ने पूछा था उससे—
''कितना विकसित है तुम्हारा जीवन-विवेक,
कितना आधुनिक है तुम्हारा युद्ध?
कितने प्रबुद्ध हैं तुम्हारे सैनिक?

क्या वे लड़ सकते हैं
स्वयं से
एक आत्मिक न्याय-युद्ध?"

(पृ.115)

महात्मा का मतलब न समझ कर उस व्यक्ति ने महात्मा की हत्या कर दी थी। मैं इन बहुआयामी प्रश्नों को आपके चिन्तन के लिए छोड़कर आगे बढ़ता हूँ।

'मृत्यु' वैदिक ऋषि के लिए 'सत्य' है। वह उसे स्पष्ट रूप से जीवन की व्यवच्छिन्नता में देखता है। कोई जन्मा था, मर गया बस खत्म। इसे लेकर शेष संसार को शोक करने या भावुक होने की जरूरत नहीं। ऋग्वेद में शव को जलाने या गाड़ने के बाद, साथ आए लोगों से लौट जाने को कहा जाता है। मृतक की युवा पत्नी से वेद कहता है कि यह तो तुम्हारे सजने-सँवरने की, सांसारिक आनन्द उठाने की उम्र है, जाओ अपने देवर से विवाह कर नया संसार बसाओ जो बड़ी लालसा से तुम्हारी राह देख रहा है। वह स्पष्ट कहता है : 'इमं जीवेभ्यः परिधि दधामि मैषां नु गादपरो अर्थमेतम्'—'मैं परिधि में ही जीवन और मृत्यु के बीच एक व्यवच्छिन्न रेखा खींचता हूँ।' मैं समझता हूँ कि 'परिधि' का तात्पर्य है—सृष्टि चक्रजीवन और मृत्यु को घेरे संसार वृत्त। वेद सृष्टि के मूल में 'काम' मानता है (कामस्तदग्रे) वह स्पष्ट कहता है कि 'अस्तित्व' के पहले कुछ नहीं था; न सत्य न असत्य न अन्तरिक्ष, न पृथ्वी; सर्वत्र था जल और सघन अन्धकार। 'काम' जन्मा तो सृष्टि जन्मी। वेद कई बार यथार्थ कृति लगती है—कथाओं और प्रार्थनाओं की फैंटेसी से बुनी हुई। जैसी दो टूक धारणा उसकी सृष्टि—जन्म के बारे में है, वैसी ही मृत्यु के बारे में भी। मृत्यु उसके लिए अन्तिम और अकाट्य 'सत्य' है, जीवन को फिर आना है तो 'पुनर्जन्म' लेना होगा।

आगे विकसित भारतीय चिन्तन वेद की इस अवधारणा को नहीं मानता, उसी तरह कुँवर भी कहते हैं—'मृत्यु इस पृथ्वी पर जीवन का अन्तिम वक्तव्य नहीं है।' (पृ. 90)

उपनिषद् के लिए अन्तिम सत्य मृत्यु नहीं, 'आत्मा' है। जब जीवन के मूल में 'आत्मा' की प्रतिष्ठा हुई तो जिज्ञासा हुई कि मरने के बाद 'आत्मा' जाती कहाँ है? इसी जिज्ञासा का मूर्त रूप नचिकेता है। उसे लेकर ही नचिकेता-आख्यान का माया-लोक बुना गया है। फिर भी यहाँ आत्मा सम्बन्धी जिज्ञासा किसी निष्कर्ष पर नहीं पहुँची। इसे मूर्त रूप मिला 'महाभारत' में।

मुझे लगता है कि इस विषय पर यदि वेद 'थीसिस' पेश करता है तो उपनिषद 'एंटी थीसिस' और महाभारत 'सिंथेसिस'।... और विचित्र और अकथित रूप से 'वाजश्रवा के बहाने' न 'थीसिस' है न 'एंटी थीसिंस' वह 'सिंथेसिस' है।

वह 'आत्मा' सम्बन्धी प्रश्न को भी केन्द्र में नहीं रखता। वह 'पराजीवन' को इसलिए स्वीकारता है कि वह मृत्यु के विरुद्ध एक अलग तरह से जीवन का वक्तव्य है— 'राहत-सी देता है इस तरह भौतिक को पढ़ना, परा भौतिक की भाषा में' (यह अवसान नहीं, पृ. 148)।

इसी सन्दर्भ में कवि कहता है :

अन्तिम शब्द समाप्तक नहीं
अगले पृष्ठ पर जारी है—
अगला पृष्ठ जो कल खुलेगा

(वही, पृ. 146)

यह अगला पृष्ठ सही अर्थों में महाभारत के सावित्री आख्यान में खुलता है।

सावित्री का सामना भी नचिकेता की तरह यमराज से होता है। वह यमराज के काम में कोई बाधा नहीं डालती। सिर्फ अपने पति के 'प्राण' लेकर जाते हुए यमराज का चुपचाप पीछा करती है। न जाने कितने समुद्रों, खाइयों और पहाड़ों को आकाश मार्ग से पार करती सावित्री की तपस्या और आत्म-शक्तियाँ सोपान पर सोपान चढ़ती जाती है (श्री अरविन्द ने 'सावित्री' महाकाव्य में मन:भूमियों के इस उच्चतर ओरोहणों की उदात्तता की अर्थवत्ता उजागर की है।)। इस लम्बी यात्रा में सावित्री न उद्विग्न होती है न असन्तुलित; बल्कि एक विनम्र विवेक और सद्भाव से यमराज से निरन्तर संवाद बनाए रहती है। यम उसे सत्यवान के प्राण के विकल्प में नचिकेता की तरह 'वरदान' के प्रलोभन देता है, परन्तु वह उन्हें अस्वीकार कर नचिकेता की तरह उनका परोक्ष अपमान नहीं करती, बल्कि समझौते के भाव से उन्हें स्वीकार भी करती है; अनेक सदाशयी विचारों से उनका मन नम करती है, उसका पूरा आचरण नचिकेता की तरह सब कुछ के इनकार से भरा हुआ नहीं है। अन्तत: सावित्री अपना लक्ष्य पा लेती है जबकि नचिकेता विफल हुआ था। 'वाजश्रवा के बहाने' में नचिकेता को खोकर वाजश्रवा में क्रोध और अहंकार की जगह एक विनम्र विवेक जागा है जो सावित्री के तापमान से मिलता है। इसी से वह अपने आपकी पुनर्रचना करता है और सोचता है :

कुछ इस तरह भी पढ़ी जा सकती है
एक जीवन-दृष्टि
कि उसमें विनम्र अभिलाषाएँ हों
बर्बर महत्त्वाकांक्षा नहीं।
वाणी में कवित्व हो
कर्कश तर्क-वितर्क का घमासान नहीं
कल्पना में इन्द्रधनुष के रंग हों

ईर्ष्या द्वेष के बदरंग हादसे नहीं
निकट सम्बन्धों के माध्यम से
बोलता हो पास पड़ोस
और एक सुपरिभाषित, एक श्लोक की तरह
सुगठित और अकाट्य हो
जीवन-विवेक।

(पुनः एक की गिनती से, पृ. 120)

विनम्र समरसता, अकाट्य तर्क और जीवन-विवेक से ही सावित्री ने यम के सामने सत्यवान के प्राण लौटाने के अलावा कोई विकल्प नहीं छोड़ा था।

इसे संयोग कहें या अवचेतन पर पड़े बिम्ब या यथार्थ दृष्टि, कि उपनिषद् की तरह 'वाजश्रवा के बहाने' में नचिकेता सन्देह यम के पास नहीं जाता केवल उसके 'प्राण' जाते हैं, मृत देह धरती पर पड़ी रहती है, जबकि उपनिषद में वह कहता है— 'सस्यामिव मर्त्यः पच्यते सस्यमिवाजायते पुनः' (कठोपनिषद्—1.1.6) अर्थात् मेरे पहले जो भी यमलोक गये हैं वे पृथ्वी में समाने के बाद ही गये हैं, फिर आए हैं तो पृथ्वी से ही, पुनर्जन्म लेकर। 'वाजश्रवा के बहाने' में नचिकेता की मृतदेह ही वाजश्रवा द्वारा प्राण की पुकार बन सकी है। सावित्री-आख्यान में सावित्री सत्यवान की मृत देह को पृथ्वी पर ही छोड़कर यम का पीछा करती है और यम द्वारा आश्वासन पाने पर लौटकर उसका सिर अपनी गोद में रखती है। कुछ ही क्षणों में वह जीवित हो जाता है। सावित्री-आख्यान से केवल इस घटना-साम्य में ही नहीं, बल्कि पूरे काव्य में सकारात्मकता, सेतुता और सौम्यता का विधान सावित्री-आख्यान की तरह लगता है।

प्रारम्भ में वाजश्रवा और नचिकेता दोनों एक-दूसरे को गलत समझते हैं, इसलिए दोनों के मूल तेवर टकराहट और आक्रोश के हैं। एक क्रोध, दम्भ, लोभ, अविवेक और अतार्किकता है; दूसरा जिद, अनम्यता, अपक्वता और अकुशलता से भरा। स्थाई दुर्घटना से आघात के बाद पश्चाताप और संयोगवश पुत्र के लौटने पर शान्त और सकारात्मक हो जाता है। इस तरह उसका व्यक्तित्वान्तरण हो जाता है, उसी तरह वापसी के बाद नचिकेता को पराजीवन का सत्य पाने की अयोग्यता के कारण प्राप्त विफलता के बाद जीवन-विवेक का यथार्थ समझ में आता है जो किसी उत्तेजना या हड़बड़ी से नहीं पाया जा सकता। उसके लिए प्रशान्त अग्नि में सीझना होता है। उसके लिए यथार्थ का दामन छोड़ने की जरूरत भी नहीं, मनुष्य को एक जीवन-नीड़ चाहिए जहाँ अनन्त उड़ान भरकर भी लौटा जा सके—

'उसकी इच्छा होती
कि यात्राओं के लिए असंख्य जगहें और अनन्त समय हो

और लौटने के लिए हर समय
हर जगह अपना एक घर

(पिता से गले मिलते, पृ. 79)

सावित्री में ये सारे समन्वय और सन्तुलन आद्यन्त बने हुए हैं।

ऊपर की सारी वैचारिक विकास-प्रक्रिया इस काव्य के सन्दर्भ में रेखांकित करने का अर्थ प्रभाव ढूँढ़ना नहीं है, केवल यह है कि एक भारतीय मानस की दार्शनिक और सांस्कृतिक अवधारणा में अनायास साम्य होता है और अगर आज के इस निषेध समय की खाई को पार करना है तो हमारे लिए यही मार्ग काम्य है। सारे द्वन्द्वों के बाद अन्ततः महाभारत जिस सौम्य, साम्य-भूमि पर उतरा है; अपनी त्रुटियों के लिए यदि ईश्वर को भी मरना पड़ा है, सत्ता के शिखर पर पहुँचे पांडवों को हिमालय के ताप में गलना पड़ा है, वह एक युद्ध काव्य को किस तरह दुनिया के युद्ध काव्यों से अलग करता है। गौतम बुद्ध संसार के सारे दुख-व्यापार की यात्रा करके ही समाधान की राह दिखाते हैं। बीसवीं शती का महान काव्य 'कामायनी' क्यों इस निष्कर्ष पर पहुँचता है :

नित्य समरसता का अधिकार,
उमड़ता कारण जलधि समान,
व्यथा की नीली लहरों बीच
बिखरते सुख मणि गण द्युतिमान।

(श्रद्धा, पृ. 54)

मानवेन्द्र राय का रैडिकल ह्यूमेनिज़्म क्यों कहता है कि विश्व द्वन्द्व नहीं टिका है समन्वय पर टिका है, वरना अभी तक कभी का खत्म हो जाता?

और हमारा युग-पुरुष गाँधी जिस सत्याग्रह, अहिंसा और समन्वय से बीसवीं शती में विश्व का सबसे बड़ा युद्ध जीत चुका है, अगर वहीं कुँवर पहुँचते हैं तो यह अनुकरण नहीं, भारतीय स्वभाव के चिन्तन की मौलिकता है, जो उसकी साधना, उसके मन्त्रों, प्रार्थनाओं, यज्ञों, काव्यों (व्यापक अर्थ में) और जीवन-आचारों... में बसती है—बशर्ते उन्हें हम अपनी पावन नदियों की तरह प्रदूषित न कर दें।

यह हमेशा याद रखना चाहिए कि सभी माँएँ एक ही प्रक्रिया और एक ही पीड़ा से सन्तति को जन्म देती हैं तो वे एक-दूसरे की नकल नहीं कर रही हैं।

कुँवर का एक खंड है—'वे दो लगते हुए भी एक ही थे' क्योंकि—

आशय एक ही था
क्योंकि आधार एक ही था।

इसके विस्तार में न जाकर मैं केवल गोविन्द चन्द्र पांडे का यह वाक्य उद्धृत करना चाहता हूँ यहाँ 'भेद की तादात्म्यमूलकता अनोखे ढंग से व्यक्त है।'

बहरहाल कुँवर काव्य संघर्ष और नकार का काव्य नहीं है, वे समझाते हैं—

सब कुछ हमारे विरुद्ध नहीं है
अधिक कुछ हमारी ओर है (पृ. 143)

और

हर समय हम लड़ नहीं रहे हैं
उससे कहीं अधिक समय हम जी रहे हैं—
एक सौहार्द के बल पर
सद्‌भावना के इस रूपक में अधिक दम है,
युद्ध की जरूरत
बुद्धि की हार की सबसे बड़ी शर्म है।

(तीन रातें, पृ. 144)

कुँवर कहते हैं कि 'एक अन्य प्रारम्भ' के लिए अतीत के ईर्ष्या-द्वेष, युद्ध-संघर्ष, गिले-शिकवे भूलना चाहिए और नई शुरुआत करना चाहिए।

उठाओ संकल्प की पहली ईंट
स्मृति-शिलाओं से ज्यादा जरूरी है
शिलान्यास

(एक अन्य प्रारम्भ, पृ. 56)

ये स्मृति-शिलाएँ भीतर जमी द्वेष की स्मृतियाँ हैं।

'पूर्व-कथन' में कवि ने कहा है—'पिता-पुत्र के सम्बन्धों को मूलतः द्वन्द्वात्मक ढंग से न देखकर संयुक्त या दोहरी जीवन शक्ति के रूप में देखा गया है। 'क्षमाभाव' और 'पश्चाताप' इसी शक्ति के द्योतक हैं। इसीलिए वाजश्रवा का एकालाप अदृश्य रूप से नचिकेता से संयुक्त हो गया है क्योंकि दोनों का 'आशय' और 'आधार' एक ही है।

'वाजश्रवा के बहाने'—निश्चय ही एक जटिल काव्य है। इसका मुख्य कारण यह है कि इसके भीतर 'कथावस्तु' सुमरनी के धागे-जैसी कभी-कभी झाँकती है। कृति में मुख्य रूप से जीवन और सृजन के अनुभव और विचार हैं, जिनमें संस्कृति, दर्शन, मनोविज्ञान, समय-सजगता आदि हैं और इनके ढेरों सन्दर्भ हैं, कथाएँ-अन्तर्कथाएँ हैं। आप सीधे-सीधे काव्य-भाषा के सतही उपकरणों से कृति को नहीं पा सकते, हर कुछ के भीतर गहरी अन्तर्यात्रा से ही काव्यार्थ और तत्त्वार्थ पढ़ा जा सकता है और यह हर गहरे काव्य तक पहुँचने की नियति है। 'वाजश्रवा के बहाने' की भाषा इतनी सर्जनात्मक है— और शायद इसीलिए जटिल भी, कि कई बार वह स्वयं कथ्य प्रतीत होती है।

असल में कुँवर नारायण के पूरे काव्य संसार में यथार्थ चिन्तन की गहनता में,

बोध में, अर्थ की तहों में निहित है और यदा-कदा उसमें समय और घटनाओं के चिह्न भी उभरे हैं। इसकी स्पष्ट ध्वनियाँ आप इस कृति के पहले प्रकाशित काव्य-संकलन 'इन दिनों' और अन्य पूर्व संकलनों में भी सुन सकते हैं। जीवनानुभव और संवेदन को गहरे काव्य में जिस संकेत और ध्वनि में प्रकट होना होता है, उसका एक बहुत ही सुथरा रूप 'वाजश्रवा के बहाने' में मिलता है।

कुँवर के यहाँ अनेक अर्थ छवियाँ पाठक के लोकतन्त्र का निर्माण करती हैं। वे यदि किसी कवि से अधिक नहीं तो कम भी नहीं हैं। इसलिए उनके अनेक पाठ हो सकते हैं।

'वाजश्रवा के बहाने' एक भिन्न और नया काव्य-प्रकार है। यह न प्रबन्ध काव्य है, न निर्बन्ध काव्य। इसकी काव्यात्मक बुनावट अनोखी हैं। पचासों सार्थक अन्तरालों और अनेक व्यंजक खंडों की इस कृति में अर्थ की सघनता है।

मुझे लगता है कि हिन्दी में 'कामायनी' के बाद 'वाजश्रवा के बहाने' दूसरी गहरी अर्थवान रचना आई है, जो उस परम्परा को बदले हुए समय-शिल्प के अनुरूप आगे बढ़ाती है।

नैतिक पीड़ा की अदम्य आवाज़ : कैलाश वाजपेयी

कैलाश वाजपेयी विरल ही नहीं, विशिष्ट कवि-विचारक हैं—अपनी तरह के अलग। फिर भी वे उन चर्चाओं से अलक्षित रहे, जो समय के फलक पर रंग के समान बिखरी रहती हैं? हमारे समय में किसी महत्त्वपूर्ण लेखक के अलक्षित रहने का बड़ा कारण उसकी 'स्वतन्त्र-चेतना' रही है। इसी सूची में बहुत से रचनाकारों को शामिल किया जा सकता है, जिन्हें अचर्चित छोड़कर हमने अपने साहित्य की दरिद्रता का ही परिचय दिया है। 'स्वतन्त्र चेतना' और फिर अपनी जड़ों से जुड़े रहना कोई कम दकियानूसी है! कैलाश का पश्चिम के ज्ञान-विज्ञान की धाराओं से गहरा परिचय है। फिर भी चारों ओर भटकने के बाद उन्हें अपनी भारतीयता में ही विश्राम मिलता है, जैसे कोई वायुयान संसार भ्रमण करने के बाद अपनी धरती पर उतरकर ही राहत पाए। एक उदाहरण देना चाहता हूँ। इधर उनकी एक गद्य-पुस्तक निकली है—'शब्द संसार'। इसमें उन्होंने 69 विदेशी, विश्वविख्यात पुस्तकों का निर्वचन किया है। ये पुस्तकें दर्शन, धर्म, विज्ञान, राजनीति, अर्थशास्त्र, समाजशास्त्र, इतिहास, पुरातत्व, मनोविज्ञान, आधुनिकता जैसे भाँति-भाँति के विषयों से जुड़ी हैं। हर पुस्तक की विवेचना के अन्त में कैलाश किसी रूढ़िवादी की तरह नहीं, एक आधुनिक मनीषी की तरह उस विषय पर भारतीय विमर्श सप्रमाण प्रस्तुत करते हैं और बाकायदा तुलना करते हैं। देश में से देश को खारिज करने वालों के लिए यह बुरी खबर है! उनकी तो यही हिदायत है कि 'सिर्फ तुम्हें गाना है/सही-सही दी गयी तर्ज में/भले ही गले में कफ घरघराए स्वदेशी का' (राग परदेसिया, दवा में हस्ताक्षर)। वैसे उनके अलक्षित रहने का एक कारण उनका 'आत्म-विमोह' भी है। ये तीनों 'दुर्गुण' नरेश मेहता में भी थे, जो अपनी शीर्ष-स्थानीयता के बावजूद चर्चा की फैशन में प्राय: अविद्यमान हैं।

कैलाश वाजपेयी का पहला संग्रह हिन्दी में एक धमाके की तरह आया था, जो उनका व्यक्तिगत नहीं, सार्वजनिक विस्फोट था। यह समय नेहरू युग के 'मोह भंग' का था। भीतरी और बाहरी दोनों मोर्चों पर देश हताशा के गहरे अहसास से विक्षुब्ध

था, बुद्धि और संवेदन की चूलें हिल गयी थीं, राजनीति से लोगों का भरोसा उठ गया था। 'भाई-भाई' का नारा देने वाला पड़ोसी आक्रामक हो गया था। ऐसे वक्त युवा कवियों का एक वर्ग नकारात्मक विद्रूप से भर उठा था।

कैलाश यद्यपि 'अकवियों' में नहीं थे, इतना ही नहीं वे उनके आलोचक भी थे, परन्तु व्यवस्था मात्र के प्रति घोर विद्रोह, समय की विसंगतियों, विडम्बनाओं, और विद्रूपताओं के प्रति एक तल्ख दृष्टिकोण उनका भी था। इसलिए कई बार लोग उन्हें अकवियों से अलग नहीं कर पाते। परन्तु अभिव्यक्ति और विचार की रेंज की दृष्टि से वे काफी अलग थे। अकवियों ने बाहर के नरक को भीतर रूपान्तरित कर लिया था। ऐसी फूहड़, अश्लील और घृणित काव्य-भाषा इससे पहले (और बाद में भी) हिन्दी में नहीं देखी गयी। वे उस वीभत्सता को देख और भोग ही नहीं रहे थे, उसमें लिथड़ गये थे। मेरे विचार से यह अभिव्यक्ति असामाजिक और दरिद्र थी। क्योंकि समय का अश्लील, बर्बर और घृणित रूप यदि उसी भाषा में उतारा जाए तो यह कविता की दरिद्रता और असामाजिकता है। यह एक ओर समाज की समझ या संवेदना पर और दूसरी ओर कविता की शक्ति पर अविश्वास है। कवि कोई फोटोग्राफर नहीं, कलाकार है। उसके 'न्यूड' में भी एक सौन्दर्य और अर्थ होता है।

कैलाश के मन में यकीनन कटुता और क्रोध था, परन्तु उन्होंने उसे वीभत्स की बजाय नैतिक बनाया। प्रश्न यह नहीं है आप कविता में कितने नंगे होते हैं, प्रश्न यह है कि आप उस व्यवस्था, तन्त्र या वीभत्स को कितना नंगा कर पाते हैं। इसी में कविता की शक्ति निहित है।

उस समय तीन कवियों के संग्रह लगभग साथ निकले थे। रघुवीर सहाय का 'आत्महत्या के विरुद्ध', श्रीकांत वर्मा का 'माया दर्पण' और कैलाश वाजपेयी का 'संक्रान्त'। तीनों के भीतर एक समानान्तर युग-चेतना काम कर रही थी। सन् 1964 से 77 के बीच कैलाश के दो संग्रह और निकले—'देहान्त से हटकर' और 'तीसरा अँधेरा'। इनमें भी कैलाश उतने ही आक्रामक और नाराज बने रहे। परन्तु उनकी कविता कितनी मारक और प्रभावी थी और सीधे राजनीति पर चोट करती थी कि 'राजधानी' कविता आकाशवाणी पर पढ़ने के बाद वे काली सूची में डाल दिए गये थे—किसी अश्लील अभिव्यक्ति के कारण नहीं, प्रभावशाली आक्रामकता और विसंगति के उद्घाटन के कारण। इसी कविता की ये प्रसिद्ध पंक्तियाँ हैं :

'सिल की तरह गिरी है स्वतन्त्रता
और पिचक गया है पूरा देश'

उन्होंने कहा था :

झूठे नारों और खुशहाल स्वप्नों से लदी बैलगाड़ियाँ
वर्षों से जन-पथ पर आ-जा रही हैं

और मेरे भाइयों ने आत्महत्या कर ली है।

काश, कैलाश वाजपेयी तभी डायर की यह हिदायत समझ जाते :

'तह तक न जाओ बच्चे
एक दिन अकेले पड़ जाओगे।' (महास्वप्न का मध्यान्तर)

चाहे भारत विभाजन हो या चीनी आक्रमण या आपातकाल, कैलाश एक मुस्तैद नागरिक की तरह अपनी व्यथा अन्तर्व्यथा के साथ कविता में सन्नद्ध रहे। विभाजन के बारे में उन्होंने लिखा :

नुचे बुर्के, फटी साड़ियाँ चलीं और खूब चलीं
दिल्ली और लाहौर के बीच रेलगाड़ियाँ
गुस्ताखी माफ...लाश गाड़ियाँ (महास्वप्न का मध्यान्तर)

चीनी आक्रमण के समय वे लिखते हैं :

मेरे माथे पर जो चोट का निशान है
वह मेरी माँ के घायल मन की पहचान है
बर्फ का कम्बल लपेटे/इस पैचदार खाई में/
शीश पर बर्बर इतिहास की ओछी चट्टान है... (मुझे नींद नहीं आती)

आपातकाल में कवि विदेश में था, पर उसकी आत्मा देश में थी। विकल तड़पती :

अँधेरे में टेलीफोन बज रहा/अभी दिल धड़कता है
घड़ी चुप है/घूरे में आग लग चुकी है
आँखों में पृथ्वी बनने के पहले की नींद है
औरत चढ़ बैठी है शव की छाती पर
दस हजार मील दूर आँत कट रही है गरीब की। (महास्वप्न का मध्यान्तर)

लगातार वक्त को कविता में इस तरह पढ़ने के कारण 1977 में शैली वीर नारायण ने 'संडे स्टेट्समैन' में कैलाश को 'क्रॉनिकलर ऑफ़ कलियुग' यानी 'कलियुग का वृत्तकार' कहा था। इतना ही नहीं, कवि के भीतर यह कलियुग मानो अपनी वह कथा भी कह रहा था, जो आगामी कल की है। आज के बाजारवादी युग में उपभोक्ता दुनिया की गिरफ्त में एक संवेदनशील कवि यही सोच सकता है :

मैं इन सस्ते और ऐय्याश लोगों के बीच
जो सिक्के चबाते हैं/और/केंकड़े की तरह चिपक जाते हैं
रहते-रहते सोचता हूँ—
क्या पड़ी थी ईश्वर को/जो बैठे बिठाए
मांस के वृक्ष उगाए। (संक्रान्त)

कैलाश के सम्पूर्ण काव्य में उनका धारदार व्यंग्य बहुत सटीक है। यह कहना

गलत न होगा कि यह उनके काव्य-विन्यास का एक जरूरी भाग है। इसी प्रवृत्ति के कारण वे कुंठित और सपाट होने से बचे रहे। पहले संग्रह 'संक्रान्त' की पहली ही कविता है—'परास्त बुद्धिजीवियों का वक्तव्य'। उनके विन्यास को न समझने वाले इस कविता को अकसर उनका 'आत्मकथ्य' मान लेते हैं, जबकि यह व्यंग्य है : 'हमें अब किसी भी व्यवस्था में डाल दो/जी लेंगे,' क्या ये असंवेदित, प्रतिक्रियाहीन बुद्धिजीवी नहीं हैं—'जिन्हें न व्यापै जगत गति'। क्योंकि कवि के मत में ऐसी जड़ता समस्त प्रकृति और देह को निर्मित करने वाले तत्त्वों के विरुद्ध है :

जल के स्वभाव के विरुद्ध है
वायु के स्वभाव के विरुद्ध है
देह के स्वभाव के विरुद्ध है। *(संक्रान्त)*

'अकेलापन', 'आत्म निर्वासन' या 'आत्म परायापन' उस समय के कवि-चरित्र का अन्यतम अनुभव था। इसे अस्तित्ववादी घटकों से बना हुआ माना जाता है, जो एक स्तर पर तत्कालीन फैशन भी था। परन्तु मुझे लगता है कि कैलाश में यह प्रवृत्ति अस्तित्ववादी नहीं है। उस समय (बल्कि हर वक्त) समय की विकृति से सामंजस्य न बिठा पाने वाला हर नैतिक और संवेदनशील व्यक्ति, जो अनिवार्य नियति भोगता है, कवि इसे महसूस कर रहा था :

मेरे बाद शायद (इतिहास अगर राख नहीं हो गया)/
कोई पढ़ाएगा/एक वक्त ऐसा भी था आर्यावर्त में/
जब बिना बदचलन हुए/कुछ नहीं मिलता था।' (नामकरण, तीसरा अँधेरा)

या

'साख धूर्त की जैसे हर कहीं
हताश आदमी का कोई आसमान नहीं होता।'

ऐसा अकेलापन व्यक्तिगत कम, सामाजिक अधिक है, क्योंकि जब नरक-निर्मात्री शक्तियाँ और सत्ताशाह पूरे समाज को निःसत्व और निरीह बना देते हैं, तो अभिधा में न सही, व्यंजना में समाज अकेला हो जाता है। क्योंकि विपुल होने पर भी वह स्थितियों पर दबाव नहीं बना पाता।

परिस्थितियाँ तो देर तक ऐसी रहीं और पलट-पलट कर बनती रहीं कि भीतर के नकार, प्रतिकार, विद्रोह और विक्षोभ से निजात पाना मुश्किल है। परन्तु व्यापक और गहन अध्ययन, दार्शनिक चिन्तन, देश-विदेश के श्रेष्ठ रचनाजीवियों से विमर्श तथा अभ्यन्तर के विकास ने कैलाश वाजपेयी के नकारात्मक आत्म को विवेकी आत्म बनाने में संघर्ष किया। यह वास्तव में स्थूल रूप से समाज की ओर प्रस्थान था। तीन संग्रहों के बाद 1980 में प्रकाशित उनका संग्रह 'महास्वप्न का मध्यान्तर' उन प्रत्ययों को मूर्त करता है जो समय की दुष्कृति के उत्तरदायी हैं।

'दूसरा अँधेरा' तक कैलाश में ऊर्ध्व रेखीय विकास प्रायः नहीं है, क्योंकि उनकी वही सामाजिक दृष्टि और यथार्थ-अनुभूति बनी हुई है। परन्तु इस बीच भी जबरदस्त क्षैतिज विस्तार हुआ है। इसमें अनुभूति की गम्भीरता के साथ भाषा का बदलाव भी लक्ष्य करने लायक है, जिसके माध्यम से भी कवि समय को अतिक्रान्त करने की कोशिश में है। सांख्य, वेदान्त, नागार्जुन के विचारों की चर्चा करने वाली भाषा का जायजा इस संग्रह में लिया जा सकता है।

'महास्वप्न का मध्यान्तर' कैलाश वाजपेयी का सर्जनात्मक मोड़ है, यहाँ उत्तेजना कम और अन्तर्दृष्टि अधिक सक्रिय है तथा आत्म-मंथन अधिक सघन हुआ है। वास्तव में कवि 'स्मृति' के साथ उस तत्त्व को पहचानने की कोशिश करता है, जो अवचेतन से संवाद करते हुए विवेक की तलाश करता है। यहाँ चेतन-अवचेतन का वार्तालाप महत्त्वपूर्ण है। यह एक तरह से 'कृष्णार्जुन संवाद' या 'हिन्द स्वराज' के अनुपस्थित पात्र से संवाद की तरह है। अवचेतन जिज्ञासु है और चेतन समाधानकारी। 'प्रश्न वेला' कविता का यह हिस्सा देखें (अवचेतन कहता है) :

'असफल नाटक के मध्याह्न में/जब गिद्ध और चीलें/
जिनके लिए दुनिया/एक चिरंजीवी मुर्दा है/
वर्तुल की तरह उठ रही हैं, नीले निपानी समुद्र में/
हवाएँ रज:स्नात।
असफल नाटक के मध्याह्न में /जब चीटियाँ तय नहीं कर पा रही हैं कि/
लोक किन घरों में चांडाल हो चुके हैं/
तुम अपना मुकुट उतारकर/ ऊब को तथता तक लाने की कोशिश में/
कौन-सा सजातीय भ्रम ढो रहे हो?'

रघुवीर सहाय ने इस संग्रह के बारे में दिनमान में लिखा था : 'महास्वप्न में कवि असलियत को अलग खड़ा देखता है—बल्कि अपने से संवाद करता है कि पूर्णता की बाधाएँ कैसे दूर करें' ('मुझे नि:शब्द तक जाना था/मैं हूँ कि सना पड़ा हूँ हाहाकार में।')।

अन्त में रघुवीर सहाय कहते हैं : 'महास्वप्न का मध्यान्तर' आधुनिक साधक की अपनी आत्मा की खोज है, हमारे प्राचीन मानस में उत्पन्न अनायास अपने को पहचानने की इच्छा का परिणाम नहीं, ऐसा इन कविताओं के तीव्र संवेदन, अविश्वास, द्वन्द्व एवं विदेहत्व से ही प्रकट होता है... ये सायास आत्म-साधना के प्रयत्न हैं यही इनकी आधुनिकता है' (अन्तिम पंक्ति आधुनिकता की पहचान के लिए महत्त्व की है।)।

निस्सन्देह 'महास्वप्न का मध्यान्तर' में महत्त्वपूर्ण और गहन कविताएँ हैं, परन्तु इसमें भाँति-भाँति के सन्दर्भ हैं, देश-विदेश के अनेक अर्थगर्भित नाम, वस्तुएँ,

मिथक की बहुतायत। ये सब कविता को पाठक के लिए दुर्बोध बनाते हैं। कैलाश वाजपेयी के अन्य संग्रहों में भी यह सब है, पर इसमें घनीभूत हो गये हैं। सम्प्रेषण का एक पक्ष यह भी है कि उन सन्दर्भों का अर्थ और प्रयोजन पाठक तक पहुँचे ताकि वह कविता को खोल सके। मुझे लगता है कि वाजपेयी को 'वेस्टलैंड' की तरह अलग संस्करण में, अन्त में उन सन्दर्भों पर टिप्पणी देनी चाहिए, ताकि कविता समझने में सहायता मिले।

आत्म-मंथन के बावजूद भीतर का हाहाकार थमा नहीं है। रह-रहकर मृत्यु-बोध कवि को घेरता है। 'धरती का कृष्णपक्ष' ऐसे ही कथ्य को लेकर आता है। महाभारत का अन्त हो चुका है। परीक्षित राज्य कर रहे हैं। उनके जीवन के केवल सात दिन शेष हैं, जिसका पता उन्हें है, पीछे एक पूरा उजाड़ है। ऐसे में छटपटाहट और त्वरा के बीच उनके मन का आलोड़न-विलोड़न, क्षण की चिरन्तन सत्ता, जीवन का अर्थ उन्हें मथता है। हालाँकि इस कविता में भी मिथक को खोलना एक मुश्किल काम है।

धीरे-धीरे कवि अपने एकान्त नकार और अन्तर्द्वन्द्व से उबरकर दृष्टा की तरह सामाजिक होता जाता है। 'भविष्य घट रहा है' और 'हवा में हस्ताक्षर' में उसकी अलग तरह की सामाजिक भूमिका है। परिवर्तन की हड़बड़ी और बेचैनी की तरह एक ठहराव आया है, जो 'नवक्रान्ति' जैसी अनूठी कविता लिखाता है :

तुम यदि परिवर्तन के पक्षधर हो
मिट्टी से शुरू करना जो बोझ ढो रही है
वृक्षों से शुरू करना जिनका वध हो रहा है
वायु से शुरू करना जिसका दम घुटा जा रहा है
नदियों से शुरू करना जिनका यौवन रोज लुट रहा है
यही सब तो हो तुम/
अपनी जड़ों की पड़ताल के बिना क्रान्ति कहाँ! *(हवा में हस्ताक्षर)*

कैलाश की तबियत सूफियाना है, जो उम्र के साथ बढ़ गयी है। तभी न वे 'महास्वप्न का मध्यान्तर' जैसी तल्ख, यथार्थ रचनाओं के बाद 1992 में 'सूफीनामा' लेकर आते हैं, जिसमें ऐसी सार्वभौतिकता है, जो सूफियों के तसव्वुर की नींव है। इस संग्रह में यथार्थ बोध की भी अनेक कविताएँ हैं जिनका तेवर वही है जो कैलाश वाजपेयी का है।

कविता के अतिरिक्त नाटक, निबन्ध, अनुवाद, आलोचना आदि में भी कैलाश वाजपेयी की महत्त्वपूर्ण उपस्थिति है। उनकी रचनाओं के अनुवाद अनेक भारतीय भाषाओं में हुए हैं। उनकी कविताएँ स्पहानी भाषा के अतिरिक्त अँग्रेजी आदि में भी प्रकाशित हुई हैं।

न केवल वर्तमान की तेज तुर्श कविता के लिए बल्कि निरन्तर विकसित काव्य-चेतना के लिए भी कैलाश को पहचाना जाना चाहिए। इस दृष्टि से उनकी कविता और सोच-विचार की रेंज बहुत बड़ी है। इसकी झलक कथ्य के अलावा उनकी कविताओं की बहुप्रतीकी, बहुसन्दर्भी भाषा और शिल्प में भी है। ऐसी नई भाषा और भाषा का ऐसा वैभव दुर्लभ है। बहुआयामी बिम्ब, प्रतीक, सन्दर्भ, अन्तर्कथा, मिथकीय अभिव्यक्ति इतने व्यापक रूप में हिन्दी के किसी कवि में नहीं देखी गयी। यह गौर करना चाहिए कि इन कविताओं की भावधारा के भीतर एक सतर्क सोच अन्तर्प्रवाहित रहती है।

आशा है कि पूर्वग्रह का यह उपक्रम हिन्दी के एक महत्त्वपूर्ण, सबसे अलग कवि, चिन्तक और साधक को समझने में मदद करेगा।

अरुण कमल की कविता

अरुण कमल के भावबोध और मुहावरे काव्य में जो ग्रामीणता है वह उन्हें समकालीनों में विरल बनाती है। पहले तीन संग्रहों—'अपनी केवलधार', 'सबूत' और 'नये इलाके' में यह विशेषता बनी रहती है, परन्तु चौथे और अब तक के अन्तिम संग्रह 'पुतली में संसार' में वे अपने को नये सिरे से अन्वेषित करने की कोशिश करते हैं, जो एक अग्रगामी कवि के लिए जरूरी भी है। यहाँ उनके मुहावरे और विषय वस्तु में एक गूढ़ता आ जाती है, जो किसी हद तक अबूझ हो गयी है; जैसे ग्रहण, बैठकी, आत्मकथा, समुद्र, सम्बन्ध, मेख और बहुत-सी कविताओं में। फिर भी संग्रह एक खास तरह की तुर्शी की वजह से हमारा ध्यान खींचता है। कुल मिलाकर नये अन्वेषण से कवि का तादात्म्य नहीं हो पाया है। पुरानी सहजता से उन्हें बार-बार टकराना होता है। बहरहाल यदि अरुण कमल के कवि को पहचानना चाहें तो मुख्यत: उनके पहले तीन संग्रह सहायक होते हैं जहाँ वे अपनी पूरी रचनात्मक अस्मिता में मौजूद हैं। चौथे संकलन से भी हमें सहायता मिलती है, यद्यपि वहाँ उनकी चेतना में दूसरे कवि भी हस्तक्षेप करते हैं।

तो, प्रदर्शन की चेष्टाओं से दूर अरुण कमल मूल रूप से अपने भीतर गाँव की सहज अनुभूति, भाषा, बिम्ब, प्रतीक, रूपक बसाये हैं। विषयवस्तु की विभिन्नता के बावजूद यह प्रवृत्ति रचनाओं की नसों में समा गयी है। उदाहरण के रूप में 'पड़ोसी के घर का धुआँ' और 'अगरबत्ती' याद आती है। इसी पर वे दुनियाभर की सहिष्णुता और भाईचारे की कामना करते हैं :

> *'दूर मंगोलिया में कोई बच्चा जन्मे। तो अपने घर तक आएगा रुदन। इतनी छोटी हो गयी है दुनिया एक नक्शे भर— । जब आप आराम से खाना खा रहे हैं। तो बिलकुल पास में, कोई भूख से दम तोड़ रहा है। चैन नहीं है कभी। सुख नहीं है अकेले अकेले। सबके साथ ही सुख है सबके दुख में दुख।'* *(छोटी दुनिया)*

गृहस्थी से उठाते हुए चीज़ों को विश्वस्तर पर पहुँचाने की शैली में भी ग्रामीण

अर्थगाम्भीर्य है; जो आत्मा सो परमात्मा या 'मन चंगा तो कठौती में गंगा' जैसे अनुभव लोक का प्रतिरूप है :

'सड़क पर एक औरत की इज्जत जा रही है
और लोग अपने ओटों पर चुपचाप खड़े हैं
...
हजारों लोग लेबनान में काटे जा रहे हैं
और सारी दुनिया अपने-अपने हथियारों में
तेल डाल रही है चुपचाप।'

ऐसी स्थिति में संसाधनों की वजह से दुनिया के छोटी होने का मतलब क्या है? अगर वह संवेदना में पास आए तो पास होना भी सार्थक हो।

यों कविता के बिम्ब, प्रतीक, रूपक और अर्थ विस्तार के लिए ही होते हैं, जो आगाह करते हैं कि चीज़ें वे और उतनी ही नहीं हैं जितनी कही जा रही हैं; उनका अन्तरअर्थ दूर किसी लक्ष्य या व्यंग्य की ओर जाता है। अरुण कमल जब स्वयं इन्हें कमल की पंखुड़ियों की तरह खोलते हैं तो उनकी गूँज या ध्वनि और भी दूर तक जाती है :

उड़ी एक चिड़िया/पंख झटकारते उठी। बहुत दूर ऊपर आकाश में/
उड़ी एक चिड़िया—सूर्य की ओर
अभी-अभी यहाँ थी/मेरी ही थाली से उठाया था दाना
धीरे-धीरे रह गया एक अग्नि पंख/वह सूर्य बन गयी। (उड़ी एक चिड़िया)

अभी हम जिस ग्रामवृत्ति की चर्चा कर रहे हैं वह अरुण कमल में कई तरह से प्रकट हुई है, जैसे—सहजता, निक्रिष्यता, परम्परा बोध, परिवार और कुटुम्ब से रागात्मक सम्बन्ध और प्रकृति के प्रति अटूट अखूट रिश्ते। प्राकृतिक बदलावों के बहाने यहाँ परम्परा कैसी उतर आई है :

एक झड़ता है/एक उगता/एक ही डाल पर एक पुराना रूक्ष पत्ता/और
सटे हुए एक नई पत्री जल भरी/जैसे बाबा के हाथ में पोते ही हथेली...

जैसे वृक्ष अपनी पूर्व तैयारी से झड़ता है वैसे ही ग्राम जीवन पूरी परम्परा और परिवार को सहेजे अपना इतिवृत्त लिखता है। परिवार की दृष्टि से क्षयशील इस समय में ऐसे संवेदन कितने मूल्यवान हैं जो मनुष्य को मनुष्य के सुख-दुख से जोड़ते हैं :

'भौजी डोल हाथ में टाँगे/मत जाओ नल पर पानी भरने/तुम्हारा
डोलता है पेट/ झूलता है अन्दर बँधा हुआ बच्चा/गली
बहुत रूखड़ी है/गड़े हैं कंकड़ पत्थर/दोनों हाथों से लटके
हुए डोल/अब और तुम्हें खींचेंगे धरती पर/झोर देंगे देह की

नसें/उकस जाएगी हड्डियाँ/ऊपर नीचे डोलेगा पेट/और
थक जाएगा बबुआ।'

संवेदना का यह बिम्ब कितनी दूर तक की खबर लेता है। इससे अर्थ की कितनी स्फुल्लिगें छूट रही हैं। इसके बरक्स आधुनिक मनुष्य का अकेलापन, स्वार्थपरता, भय, आशंका है जिस पर कवि तीखी चोट करता है। इस तरह के कविताओं का परिमाण अरुण कमल में निरन्तर बढ़ता जाता है। जैसे—आदमी आज आदमी से इतना आशंकित है कि सामने बैठा यात्री जब लौंग बढ़ाता है, तो लेने वाले का हाथ 'हिचकता' है। डाकू द्वारा बेटा मारा जाता है तो अरथी ढोने तक को लोग नहीं मिलते, तीन लोग अरथी उठाते हैं, बाप, बेटे को अग्नि देता है। कहाँ तो लोग सुख-दुख में साझा करते थे, खासकर दुख में; और कहाँ बेटे को फूँक कर आने पर बाप के पास कोई नहीं रुकता, न बाद में फटकता है। वक्त इतना बुरा आ गया है कि कोई देखे हुए सच का बयान नहीं कर सकता क्योंकि सच कहने में भय लगता है। हत्या की प्रत्यक्षदर्शिनी कहती है :

'नहीं मैंने कुछ नहीं देखा/मैं अन्दर थी बेसन घोल रही थी/
नहीं मैंने किसी को/नहीं नहीं मैं चुप रहूँगी/ मेरे बच्चे हैं, घर है।'

प्रश्न देखे हुए के बयान का नहीं है, उस आतंक का है जिसने जीवन को ही नहीं, आत्मा को जकड़ लिया है। रेल में यात्री पहले एक दूसरे से बतियाते, लड़ते-झगड़ते थे; आज अगर कोई बोलता है तो 'कोई' मुँह पर पिस्तौल अड़ा देता है। ऐसे में आदमी चुप्पा और निहायत एकाकी हो गया है। भय की वजह से समाज अपने को काटते-काटते वह उस राग से भी कट गया है। जहाँ न सिर्फ जोखिम नहीं है जो जीवन का मरहम है। व्यक्ति अपना पूरा सामान ट्रेन में चढ़ा लेता है, कुछ नहीं छूटता, लेकिन अगर छूटता है तो जूट का वह झोला जो गाँव की बूढ़ी ने इस आग्रह के साथ दिया था कि ''दिल्ली पहुँचकर जरूर भिजवा दीजिए ददन को। नया चूड़ा और गुड़ की भेली है।'' यह जूट का झोला नहीं छूटा है, मनुष्य पर मनुष्य का विश्वास, संवेदना की सम्हाल, उत्तरदायित्व बोध छूट गया है जो आदमी के वीरान एकदम चौपट— होने को सूचित करता है। अरुण कमल कम बोलने वाले कवि हैं। वे कम शब्दों में गहन और दूरवर्ती अर्थ देते हैं।

आत्मीय सम्बन्धों का एक पूरा संसार यानी प्रकृति आज आधुनिक कविता से गायब हो गयी लगती है। आज की कविताएँ पढ़ते हुए नहीं लगता कि ऋतुएँ आती हैं या प्रकृति में परितर्वन होता है या उसकी हमारे जीवन में कोई भूमिका है। प्रकृति की सन्निधि के इस अकाल युग में ऐसी कुछ कविताएँ हमें उस विशाल जीवन से जोड़ती हैं या एक तरह से संवेदना से कटने से बचाती हैं। अरुण कमल के कविता-संसार में न केवल प्रकृति के उपमान, बिम्ब वगैरह हैं वरन् उसका प्रत्यक्ष वर्णन और

चित्रण है और खासकर जीवन में उसकी दखलंदाजी का बोध है : 'और बारिश बहुत तेज। बिलकुल बिछावन और तकिये तक मारती झटास।' दरवाजा इसलिए बन्द नहीं किया जा सकता कि मनीप्लांट की एक 'जिद्दी लतर' दरवाजे के भीतर आई हुई है। यह है प्रकृति की सम्हाल और उससे प्रेमिल सम्बन्ध। झरना, सौन्दर्य, गंगा को प्यार, झड़ना, आँधी की रात जैसी कितनी ही कविताएँ हैं जो प्रकृति से सरोकार रखती हैं और मनुष्य की आधुनिक प्रवृत्ति से भी। प्रकृति से कवि के गहरे जुड़ाव का एक बड़ा प्रमाण है प्रकृति वर्णन में निविड़ ऐन्द्रियता का सम्पूर्ण और प्रगाढ़ स्पर्श भाव। आँधी का यह असाधारण ऐंद्रिय बिम्ब देखें :

'सड़क के दोनों ओर/खूब लम्बे पेड़/ऊपर उठकर मिलते हुए।
ललाट से सटाते ललाट/छान रहे सूर्य किरण

...

पछाड़ खा रहे हैं अंधड़ में पेड़/ललाट से ललाट टकराते
मथ रहे हैं बादलों से भरा आकाश।' (सौन्दर्य)

बरसात का यह चित्र एक तरह से गृहस्थिन बरसात का ही चित्र है। बहुत ही जीवन्त : खूब बरसा है पानी/जीवन रस में डूब गयी है धरती।'...

कभी-कभी बथान में गौएँ करवट बदलती हैं/ बैल जोर से छोड़ते हैं साँस/अचानक दीवाल पर मलकी टार्च की रोशनी/कोई निकला है शायद खेज घूमने।...
धरती बहुत सन्तुष्ट बहुत निश्चिन्त है आज/दूध भरे थन की तरह भारी और गर्म।
बिना गहरी पहचानों के और हाँ सम्पृक्ति के ऐसे चित्रण सम्भव नहीं होते।

एक उत्तरदायी नागरिक की तरह सतेज और चौकन्ना कवि अपने मूल संवेदनात्मक लगावों के बावजूद समाज, राजनीति और समय में सार्थक और समर्थ दखल देता है :

'यह कितनी अजीब बात है/कि आदमी पीपल के सूखे पत्ते की तरह
लोकतन्त्र और समाजवाद के/दो पन्नों के बीच सुरक्षित है।...

उस आदमी की जो फजीहत होती है, उसे जो यन्त्रणा दी जाती है उसी का नतीजा है कि उसने

'आँखों को रबर की तरह खींचते हुए गर्दन ऊपर उठाई।
सिर्फ एक आवाज हुई सूखे फल के फटने की/वह आदमी
बरछे की तरह जमीन पर पड़ गया था। (असंवैधानिक मौत)

लोकतन्त्र और समाजवाद के बीच आदमी इस हद तक 'सुरक्षित' है। ऐसे में लोगों की खामोशी उनकी एकान्तिकता कवि को बेहद बेधती हैं वह पूछता है :

'जहाँ कहीं दुख में है आदमी/जहाँ कहीं मुक्ति के लिए लड़ता है आदमी/ वहाँ कुछ भी नहीं है निजी/कुछ भी नहीं है गुप्त/फिर भी तुम चुप क्यों हो?

(तुम चुप क्यों हो)

कविता का लिबास एकबारगी उतारकर यहाँ जैसे कवि चीख पड़ा है।

जहाँ जो सर्वहारा है, कवि की संवेदना का पात्र है : 'केवल शब्दों का फाहा लिए/जाना चाहता हूँ उसकी तरफसे/जो सबसे कमजोर है। जो अपने कौर के लिए भी हाथ नहीं उठा सकता।' *(सोये में चलना)* इस कविता की तान वहाँ टूटती है जहाँ बूढ़ी माँ जीवित बेटे का इन्तजार नहीं कर पाती, फाँसी की प्रतीक्षा करने को विवश है। कविता के भीतर गर्भवती स्त्री और एक सुन्दर सा संसार दम तोड़ते हुए दिखाया गया है।

अरुण कमल मजदूर के हक को उस सीमा तक ले जाते हैं जहाँ वे उस पुल के निर्माण के बाद पहला कदम रखते हुए उसे देखना चाहते हैं :

'आज जब वह पुल समर्पित हो रहा है राष्ट्र को/उन्हें उन बहादुर मजदूरों को रहना था यहीं/पहला कदम तो उन्हें ही रखना था इस पुल पर।'

(महात्मा गाँधी : सेतु और मजदूर)

मगर यह नहीं होता। इस संवेदनहीन शोषक व्यवस्था में यह नहीं होता कि जो कर्ता है, जो खून और प्राण देता है उसे याद रखा जाए। जो 'धार' देता है, पूँजी और साधन को अर्थ देता है उसे कौन याद करता है? मजदूर तो इस वर्ग को तब याद आते हैं जब उनसे काम लेने की जरूरत होती है। कवि लिखता है कि बेकारी में मरने वाले मजदूरों की याद शोषकों को तब आती है जब धान पकता है यानी जब काम करने का वक्त आता है। कविता ऐसे तमाम लोगों की सुध लेती है, चाहे स्कूल मास्टर हो जो दुनियाभर को तो पढ़ाता है लेकिन उसका लड़का अनपढ़ रह जाता है; चाहे बेसहारा दर्जिन हो जिसके धन्धे को फैशन ने निगल लिया है; चाहे बेचारी गरीब कुबड़ी बुढ़िया हो, जिसे मरते दम तक मजदूरी करनी पड़ती है। इस अर्थ में कवि त्रास की चरम सीमा से उत्पीड़न और शोषण का तापमान रेखांकित करता है।

बाजारवाद के इस क्रूर समय में जहाँ पूँजीवाद का चेहरा ऊपर से मनोहर हो गया है, मगर भीतर से वह जल्लाद है, उसी तलवार की तरह जिस पर खूबसूरत 'नक्काशी' है। कवि की चिन्ता यह है कि यह पूँजीवादी रावण अपने अनेक रूपों में ऊपर से तो अलग अलग है, लेकिन भीतर एक एक है; इसका लक्ष्य एक है, सब कुछ स्वायत्त करना :

'अन्दर अन्दर रावण के थे दस दस माथे

रहे सोचते एक ही बात/रावण के भेदस दस माथे' (रावण के माथे)

लेखक राजनीति की भी खबर लेता है कि उसके संविधान में संशोधन का अर्थ है सिक्के का एक ही पहलू होना। यानी ऊपर से प्रजातन्त्र भीतर से घोर एकान्तिक स्वार्थवाद, पक्षधरता और तानाशाही। उसकी तमाम माफिया और अंडरवर्ल्ड के लोगों से यन्त्रणा चलती है इसे एक व्यंग्यात्मक कविता 'घोषणा' में बताया गया है जिसमें सब कुछ आधी रात के अँधेरे में होता है विदेशी मेहमानों से लगाकर हत्यारों तक से मुलाकात और यन्त्रणा। इस कविता में वाचिकता है जो अरुण कमल की एक विशेषता है।

बहरहाल ऐसी रचनाएँ सूचित करती हैं कि कवि अपने समय में व्यापक हस्तक्षेप करना चाहता है।

अरुण कमल की कविताओं में दो चीज़ें और लक्ष्य की जानी चाहिए। एक तो उनका व्यापक केनवास जो देश-काल दोनों दृष्टियों से व्यापक है, दूसरे इसका तमाम उत्पीड़नों और विविधताओं के बावजूद साधारण आदमी के संघर्ष में विश्वास और उसे हौसला देना। 'मई का एक दिन में' वे लिखते हैं :

'वह कोई दिन था मई महीने का/जब वियतनाम सीढ़ियों पर बैठा/पोंछ रहा था/खून और घावों से पटा शरीर/कम्बोडिया जकड़ी सिकड़ियाँ खोलता/गृह प्रवेश की तैयारी में व्यस्त था/और नीला आकाश ताल ताल में/फेंक रहा था अपनी शाखें।'

कवि की निगाह अपने समय के तमाम संघर्षों पर है चाहे वह देश में हो या विदेश में। उसे विदेशों की आजादी में भी उतनी ही दिलचस्पी है जितनी अपने देश की आजादी में। विदेश यात्राओं से जुड़ी उनकी कविताएँ। दरअसल उन देशों की उपलब्धियों की वन्दना है।

साधारण आदमी के संघर्ष में कवि के विश्वास की सबसे महत्त्वपूर्ण कविता है 'इक्कीसवीं शती की ओर' जिसमें सबल और पूँजीपति वर्ग को युगान्तर की ही उम्मीद है और वह गरीबों सर्वहाराओं से व्यंग्यात्मक रूप में इक्कीसवीं शती में चलने को कहता है, सर्वहारा के जवाब में कितनी हिम्मत और आत्मविश्वास है :

हाँ हम चलेंगे
नील पद्म पंख महाशंख शताब्दियाँ पार करते
बच्चों को कन्धों पर बिठाए सारी पृथ्वी, समूचे ब्रह्मांड में टहलेंगे
हम चलेंगे उधर
जिधर सृष्टि का पहला पानी अभी तक इन्तजार कर रहा है
छाले पड़े पाँवों का

और कुछ लोग यहाँ रह जाएँगे
यहीं बीसवीं शताब्दी के आखिरी अड्डे पर
किसी बस के इन्तजार में
और हम खोलेंगे अँधेरे का ताला।

अरुण कमल की यह विशेषता है जिसे वे लगभग तकनीक की तरह इस्तेमाल करते हैं कि एक तो वे विडम्बना और विसंगति को कविता का औजार बनाते हैं, दूसरे को चरम से एक पूरा परिदृश्य या समग्रता का बिम्ब उभारते हैं। विसंगति और विडम्बना के तो उनमें कई उदाहरण मिल जाएँगे जैसे :

'देखो हत्यारों को मिलता राजपाट सम्मान
जिनके मुँह में कौर मांस का उनको मगही पान।' उत्सव (सबूत)

अथवा

'और ऐसा अकसर देखा गया है कि जो जितना भ्रष्ट और व्यभिचारी है
वह उतना ही जूते उतार कर भीतर बुलाने का हामी।

पक्ष का कारण (पुतली में संसार)

यहाँ प्रसंगेतर भी उस अन्तर को रेखांकित करना चाहूँगा जो सबूत और 'पुतली में संसार' में एक ही भावबोध की कविताओं में घटित हुआ है। 'तादात्म्य' और 'प्रयोग' या 'कोशिश' के बीच जो अन्तर होता है वही इनके बीच है। कविता भी तादात्म्य की माँग करती है। बहरहाल दो चरम से समग्रता के बिम्ब के लिए दो कविताएँ 'बुढ़ापा' और 'नयी जन्मी बच्ची को प्यार' लेता हूँ। दोनों जीवन के दो सिरे हैं—बुढ़ापा और बचपन। दोनों में एक आशा रेखांकित कर कवि समग्र जीवन में आशा, विश्वास, उत्साह को प्रतिरूपित करता है। 'बुढ़ापा' में वह माला फेरने वाले, सुबह-शाम सैर पर निकले निस्तेज बुढ़ापे की जगह बादशाह खान के ऐसे बुढ़ापे को उठाता है जिसमें न विवशता है न थकान न स्यापा। वह कहता है बुढ़ापा हो तो 'ज़िन्दगी की नोक' हो। उसी तरह वह संसार में बच्चियों के आने को एक शुभ सूचना मानता है और नई आने वाली बच्ची को आश्वस्त करता है कि अब वह जमाना नहीं रहा, पुराना, गुजरा हुआ। अब 'समय के प्रवाह में तुम्हारे लिए ही/घुल रही है दुनिया'। दुनिया बदल चुकी है और वइ नई जन्मी बच्ची के प्रति प्यार और स्वागत से भरी है दुनिया को भरोसा दिलाने और उत्साहित करने के लिए जीवन के ये छोर अन्ततः प्रतीक बन जाते हैं जो पूरे जीवन को घेरे लेते हैं।

ऐसी समझ कितने सर्जकों में होती है और अरुण कमल जैसी सदाशयता, सरलता और अपनी सर्जक बाँहों में पूरी दुनिया को घेर लेने वाली सुरक्षा।

विद्रोही परम्परा में : विश्वनाथ प्रसाद तिवारी

विश्वनाथ प्रसाद तिवारी से मेरा कोई तीस साल से तो परिचय होगा और तीस साल किसी भी व्यक्ति को भीतर-बाहर से जानने के लिए पर्याप्त होना चाहिए। ऊपर से विश्वनाथ तिवारी नहीं लगते कि वे एक तल्ख विद्रोही को अपने भीतर ढाँपे हुए हैं। उनकी सहजता के भीतर व्यक्त सहज प्रसन्नता को मैंने स्थाई भाव की तरह देखा है। न कहीं उद्विग्नता, न बेचैनी, न हड़बड़ी, निर्मल जल की स्थिरता जैसा उनका स्वभाव ऊपर से तो यही बताता है कि वक्त के विद्रूप ने उनके व्यक्तित्व पर आक्रमण नहीं किया है। उन्हें देखकर नहीं लगता कि दुनिया एक निश्छल व्यक्ति के रहने के लिए अयोग्य हो चुकी है। उनके भीतर गहरी विकलता है, पर ऐसी कोई विकलता नहीं जो प्राप्त और प्राप्तव्य के बीच की खाई को चौड़ा करती हो। उनका यह स्वभाव ही उनकी शक्ति है जो उनके विद्रोही मुक्त चेतस आत्म को रचनात्मकता में व्यक्त करता है।

आग जैसे अंगारे को छिपाए रखती है वात्सल्य से; पानी की ऊपरी परत जैसे छिपाए रखती है अगाधता को; वैसे ही विश्वनाथ के व्यक्तित्व की शीतलता उनकी आग और गहराई ढाँपे रहती है। मुझे लगता है कि उनका, स्वभाव चीज़ों की परतें एक तार्किक क्रम से खोलने का काम करता है। उनकी लेखनी की धार इस म्यान के भीतर छिपी है।

यह रहस्य मेरे सामने भी जरा देर से ही खुला। अव्वल तो मुझे वर्षों तक यह पता नहीं था कि वे कवि हैं, मैं उन्हें एक आलोचक और सम्पादक के रूप में ही जानता रहा। आपातकाल के आसपास मैंने उनका काव्य-संग्रह पढ़ा था—'बेहतर दुनिया के लिए'। ऐसा दीप्त, प्रखर कवि उनकी सहजशीलता के भीतर कहाँ छिपा था? कहते हैं कि आलोचना अकसर सर्जना को कुंठित करती है, अगरचे व्यक्तित्व में सर्जना के ऊपर आसन जमा ले। सर्जना की छाया में पैदा होने वाली आलोचना सर्जना की सहयात्री बन जाती है और दोनों एक-दूसरे को बल पहुँचाते हैं।

विश्वनाथ में कविता के बीज प्रारम्भ से ही होंगे, परन्तु वे लम्बे समय तक अव्यक्त रहे और इस बीच उनका आलोचक स्थापित और चर्चित हो गया और लगा कि यह उनके अध्यापक का ही एक रूपायन है। इस तरह वे अध्यापक-आलोचक की पहचान लेते हुए स्थिर कदमों से हिन्दी साहित्य के पथ पर बढ़े। उनमें प्रखरता और तार्किकता की दीप्ति जब तब प्रकट हुई जो निरन्तर प्रखर होती गयी और कविता में उसका विस्फोट हुआ; परन्तु हिन्दी के उदास जगत ने तब भी उन्हें नहीं पहचाना और पहचाना भी तो उन्हें स्वीकार नहीं किया। खासकर हिन्दी का अपने अधीन अध्यापक के साथ कवि के रूप में ऐसा ही टेढ़ा रिश्ता रहा है। इतने संग्रह निकल जाने और अपने कवित्व के इतने प्रमाण उपलब्ध करने पर भी लोग विश्वनाथ को कवि कहने में संकोच करते हैं और जब कवियों की गणना करते हैं तो वहाँ प्राय: विश्वनाथ नहीं होते। पिछले दिनों एक प्रकाशन ने चुने हुए कवियों की संग्रह-शृंखला निकाली तो उसमें संयोगवश या भूलवश या अन्यथा कारणों से (अगर सही कारण से वे वहाँ उपस्थित हों तो इसे न्याय-दृष्टि कहना होगा) जब विश्वनाथ प्रसाद तिवारी को शामिल किया गया तो कई लोगों की भौंह टेढ़ी हो गयी।

मुझे विश्वनाथ से कवि रूप में परिचित होने के बाद लगा कि वे आधुनिक संवेदना और चिन्ता के प्रखर कवि हैं और उन्हें अपने साहित्यिक और लोक संस्कारों ने एक ऐसी व्यंजक, उत्तप्त और खरी भाषा दी है जिसमें उनके कथ्य की आँच और धधक उठती है, जो उन्हें अन्य कवियों से अलग करती है। विश्वनाथ के भीतर बेहतरी और सच्चाई का जो आलम है वह उनकी उस कविता से प्रमाणित है जो उन्होंने 'बेहतर दुनिया के लिए' के अन्त में लिखी है :

'बेहतर कविता लिखेगा वही
जो बेहतर कवि होगा
जिस समय वह लिख रहा होगा
सबसे अच्छी कविता
जरूर होगा उस समय वह
सबसे अच्छा आदमी।'

विश्वनाथ का यह सोच सम्भवत: उनसे बेहतर कविता लिखवाना है अलबत्ता वे तब भी 'अच्छा आदमी' होते हैं जब कविता नहीं करते। कवि और कविता के बीच भले ही फासले होते होंगे, पर वह क्षण कवि को पवित्र अवश्य कर देता है जब बेहतर कविता जन्म लेती है। वाल्मीकि भले डाकू या मनुष्यों के व्याध रहे हों, जब उन्होंने एक व्याध के विरुद्ध करुणा और प्रतिरोध की कविता लिखी, उस क्षण वे सृष्टि के सबसे पहले, सबसे अच्छे व्यक्ति रहे होंगे। इसी भाव को उन्होंने अपने में

स्थाई बना लिया और निरन्तर ऐसी कविता लिखी जो सर्जना का एक कारण, उदात्त महाआख्यान बन गयी।

मैं नहीं कहता कि विश्वनाथ ने हर समय बेहतर कविता लिखी! उनकी कई कविताएँ कमजोर हैं, कई में लेकूना है, कई साधारण हैं, परन्तु अच्छे आदमी का एक बिम्ब उनमें स्थाई रूप से बना हुआ है। इस बात पर जोर देना मुझे जरूरी इसलिए लगता है कि हम सभ्यता के जिस संकट से गुजर रहे हैं उसमें मनुष्य की अच्छाई एक आवरण, एक प्रदर्शन भर रह गयी है। और जो इससे यथासम्भव अछूता है वह व्यक्ति दुर्लभ है।

शब्द को हमेशा सच्चाई कर्म से मिलती है। अन्यथा शब्द अपने आप में 'वस्तु' हैं—सच-झूठ, सुन्दर-असुन्दर से निरपेक्ष। इसलिए कविकर्म और कवि व्यक्तित्व के संयोग की इतनी चर्चा मैंने की है।

विश्वनाथ की सबसे अधिक ध्यान आकर्षित करने वाली कविता उनकी रैटारिक कविताएँ हैं। वे एक लम्बे आलाप के सिरे पर खुलने वाले राग की तरह हैं। इन कविताओं में उनकी मानवीय तथा विश्व दृष्टि से साक्षात्कार होता है और उस तीखी स्वतन्त्र चेतना भी से जो उनकी कविताओं में व्याप्त है। कई महान व्यक्तियों, देशों और लेखकों से सन्दर्भित उनकी कविताएँ उनकी विश्व दृष्टि को स्पष्ट आकार देती हैं। यह दृष्टि कवि और मनुष्य दोनों को बड़ा बनाती है।

स्वतन्त्र भारत में अगर सबसे कठिन है तो व्यक्ति और कवि की स्वतन्त्रता। यहाँ तरह-तरह की जंजीरें हैं जो एक व्यक्ति को बाँधने के लिए सदा लपलपाती रहती हैं। दलों के दल-दल, वादों के शिकंजे, कपट के संजाल, लोभ और लालच की ताँतें, भय और आतंक के खूनी जबड़े हर वक्त मनुष्य को ग्रसने को खुले रहते हैं। विश्वनाथ जैसे व्यक्ति को इनसे खूब टक्कर लेनी होती है, बिना इसके व्यक्ति न अपनी सहजता में रह सकता है न मुक्त-चेतना में।

विश्वनाथ की कविता में जो क्षोभ और आक्रोश है, जो वेदना और संवेदना है, जो तार्किकता और हस्तक्षेप है, जो दृष्टि और चेतना है वह किसी बैसाखी, मुखौटे या मुहर की मोहताज नहीं है। वे एक संवेदनशील शुद्ध कवि हैं जो सबसे अलग रहते हुए भी उस विश्व से परे नहीं है, जिसे एक कवि की जरूरत होती है :

जो लिखते हैं कविता
और करते हैं प्यार
वो धरती को और चौड़ा करते हैं
थोड़ा और गहरा
थोड़ा और नम।

देर से कविता लिखने के बावजूद विश्वनाथ में ऐसा रचना-संस्कार है जो

उनकी कविता को एक पुख़्तगी, विवेक और सम्प्रेषण की शक्ति देता है। नई कविता के इस दौर में अगर किसी चीज़ की कमी लगती है तो वह है रचनाकार की सम्प्रेषण के प्रति उदासीनता। वह अपनी कविता में हर तरह की कलात्मक बारीकी, बौद्धिकता और विचारधारा का जमाव तो कर लेता है, परन्तु उसमें सम्प्रेषण की वह ललक नहीं दिखाई देती जो एक कवि की अनिवार्यता है। यह कारण भी है कि कविता के पाठक लगातार कम हो रहे हैं। सम्प्रेषण का अर्थ कविता की सरलता भर नहीं है उसके भीतर मनुष्य के संवेदन और चेतना को उद्‌दीप्त कर सकने की ताकत होना है। कविता की जटिलता, अर्थ की गहराई, कला की बारीकी सब एक अच्छी रचना के उपादान हैं, परन्तु उन सबकी स्थिति ऐसी ही है कि आप पंच तत्त्व को इकट्‌ठा करके सोचें कि इससे मनुष्य बन जाएगा। अन्तर्ग्रथन और सब तत्त्वों का प्राण और आत्मा से संपृक्त मनुष्य-रूप देने में ही तो ब्रह्म का ब्रह्मत्व है। कविता की सम्प्रेषणीयता के लिए भी इसी स्रष्टा तत्त्व की जरूरत होती है। विश्वनाथ में भावों को उद्वेलित और पूरी तर्क व्यवस्था से जुड़ने या प्रति तर्क उत्पन्न करने के उत्प्रेरण विद्यमान हैं। उनमें वक्त से टक्कर लेने अर्थात उसकी क्रूरता, हिंस्रता, पाखंड और अत्याचार के खिलाफ खड़े होने की क्षमता है। हाँ, इधर विकसित बाजारवाद, उपभोक्तावाद और औपनिवेशिकता जैसे शिकंजों की ओर विश्वनाथ का ध्यान कम गया है।

विश्वनाथ की कविताओं का रैटारिक सधा हुआ है, उसमें गति है, प्रवाह है लफ्फाजी नहीं। कविताएँ कला प्रधान न होकर वस्तु प्रधान हैं, जो जीवन को कोई अर्थ, कोई अभिप्राय देती हैं। विश्वनाथ मानव मुक्ति के लिए आवश्यक मानते हैं कि बन्धनकारी स्थितियों में हस्तक्षेप किया जाए। उनकी दृष्टि में तटस्थता संसार के लिए घातक है। बंगलादेश से सम्बन्धित कविता में कवि कहते हैं :

स्वाधीनता और मुक्ति के लिए चीखता रहेगा
नक्शे का एक कोना
यह चारों ओर का अहस्तक्षेप
सिर्फ आदमीयत को नष्ट करने की साजिश है।

(कल की लड़ाई के लिए)

कवि के भीतर व्याकुलता और तड़प है। उसके सोच और भाषा में धूमिल की झलक भी जगह-जगह दिखाई देती है धूमिल भी 'अहस्तक्षेप' के विरुद्ध हैं, कवि में मानवता की तमाम भयों और भ्रष्टताओं से मुक्ति की बेचैनी है :

लाशों से चिपके चीखते बच्चे
मलबे में टटोलते हैं अनागत का अर्थ
मुँह ढँके अँधेरे में भेड़िये
गाँव का गाँव चबा जाते हैं

अर्थहीन शब्दों के मलबे में चिंचियाता है
राष्ट्र संघ।

(वही)

संविधान और अन्तराष्ट्रीय आचरण संहिता ऐसे वक्त बेकार हो चुकी है जब उसकी जरूरत है। यह कविता एक सन्दर्भ की है, परन्तु वह एक बड़े परिप्रेक्ष्य को समेटे हुए है। एक देश लगातार रौंदा जा रहा है, वहाँ खूनी अध्याय लिखा जा रहा है, पर संसार, संसार का संघ चुप है। इसलिए उसकी आत्मा से ऐसी चीख निकलती है जिसके भीतर अपरिमित घुटन क्रोध की आँच है। ऐसी आँच में बड़े-बड़े इस्पाती ढेर पिघल सकते हैं। जहाँ कवि बांग्लादेश और विएतनाम की मुक्ति की चिन्ता करता है, वहीं कारागार में पड़े रूसी कवि वाज्नेसेंस्की के लिए विकल है, मार्टिन लूथर किंग उसकी याद को झकझोरते हैं। ये सब एक साथ मुक्ति का प्रतीक रचते हैं जो कवि की आत्म-विकलता और आन्तरिक उत्कटता को प्रकट करते हैं।

विश्वनाथ की कविता में भीतरी आग, बेचैनी, हताशा, बन्धन सब कुछ व्यक्त होते हैं, परन्तु अन्ततः वे आशावादी हैं, वे बेहतर दुनिया के लिए अपनी तजवीज ही पेश नहीं करते, बल्कि इस पर दृढ़ विश्वास करते हैं कि दुनिया बेहतर होगी, इसीलिए निराशा, व्यर्थता, हताशा विद्रूप में खत्म नहीं होती। यहाँ विश्वनाथ धूमिल से अलग होते हैं। वाज्नेसेंस्की बन्दीगृह में पड़े हैं, कवि उम्मीद करता है, बल्कि मुकम्मल तौर पर कहता है :

इस बन्दीगृह में क्रान्ति हो जाएगी
सभी बेड़ियाँ टूट जाएँगी
सभी दीवारें धँस जाएँगी
एक भी पहरेदार का पता नहीं चलेगा

(बेड़ियाँ टूटेंगी)

मार्टिन लूथर किंग के लिए उसका विश्वास है :

एक दिन गोली बनाने वाले कारखाने
नींद की गोली बनाना शुरू करेंगे
और हत्यारे जो आज दाग रहे हैं गोली
एक दिन नींद की गोलियाँ खाकर आत्महत्या कर लेंगे।

कवि को विश्वास है कि मानव की जययात्रा कभी नहीं रोकी जाएगी, चाहे कितने ही तानाशाह, जंगी सेनाएँ और तमाम आतंकवादी शक्तियाँ दुनिया में हों— 'समय देवता। तुम मानव की इस जययात्रा को रोक नहीं सकते।'

जहाँ विश्वनाथ परिस्थितियों का चित्र बनाते हैं, पूरे परिवेश में भटकती बेचैन

आत्मा को देखते हैं जो निडर और चमकीली हैं तब मुक्तिबोध, उनकी आन्तरिक पीड़ा, प्रतिरोध और दु:शक्तियों से टकराते सोच का एक अक्स उभरता है। और यहाँ भी—'कौन जाने/मुक्ति मेरे सामने से कब गुजर जाए/ कहाँ/किस रूप में/ और मैं पथबंधु को पहचान लूँ।'

इन पंक्तियों में श्रीकान्त वर्मा की पार्श्वध्वनि सुनाई पड़ती है :

'कहाँ जाऊँ
किसको क्या करूँ
किस किस की लंगोट खींचूँ
किस दफ्तर में कर लूँ आत्मदाह।'

विश्वनाथ ने 'लिखने का दर्द' कविता कितनी आहत आत्मा से लिखी होगी:

लेखक रचनाकार की उस परम्परा में है जो विद्रोही, संवेदना की पक्षधर और उत्पीड़ित इन्सान के लिए रचने और आत्माहत होने वाली है :

तुम किसे तलाश रहे हो?
इस ढिबरी की रोशनी में लिखता था प्रेमचन्द
इस बेंच पर जाड़े की रातों में
नंगे सोता था निराला
और यह असंख्य शैयावाला अस्पताल
इसके बेड़ नं. 101 पर मरा था मुक्तिबोध
एक सौ दो पर राजकमल
एक सौ तीन पर धूमिल
बेड नं. एक सौ चार/एक सौ पाँच/ एक सौ छह...
तुम कौन से बेड पर मरना पसन्द करोगे
जिन्दा रहना और मर जाना
एक ही बात है कविता की दुनिया में।

कविता में तल्खी और प्रवाह है जो विश्वनाथ की कमोबेश हर रैटारिक कविता में मिलता है। परन्तु यह कविता संकेत करती है कि कवि अपने को लेखन की किस परम्परा का उत्तराधिकारी मानता है।

अन्त में विश्वनाथ की छोटी कविताओं के बारे में भी कहना चाहिए क्योंकि वहाँ भले ही रैटारिक के गुण न हों सोच की एक अन्तर्धारा, भाषा की संक्षिप्ति, विन्यास की वक्रता, व्यंग्य-गन्ध, कलात्मकता, प्रतीकवत्ता और बिम्बों की एक शृंखला देखने को मिलती है। ये कविताएँ ही विश्वनाथ प्रसाद तिवारी का काव्य-संसार बनाती हैं।

❑❑❑

श्रेष्ठ भारतीय साहित्य

भारतीय ज्ञानपीठ